Swiss Symphony

瑞士交響曲✚

高山‧湖泊‧古堡‧城鎮

陳彥亨———著

陳彥甫———攝影

♪ 自序

在2007年9月初，曾與家兄遠赴歐洲旅行，主要是去瑞士。此外，有半天在列支敦斯登，一天在法國。歸來後，除了以小品文的形式，向報社旅遊版投稿外，雖想就整段旅程寫成一部遊記，卻遲遲未下筆。

由於一直有此心願，也想發表哥哥的攝影作品，數年後，終於提起筆來，或更正確地說，啟動電腦，敲起鍵盤，輸入文字，開始撰寫這趟瑞士之旅的點點滴滴。最初是照當時的行程表來寫，覺得太流水帳式，遂出於對音樂的喜好，改採目前交響曲的型式，將全書的章節分為四個樂章——

第一個樂章採用最活潑的快板，主要是介紹三大名峰及登山火車等，因為行駛中的列車、雄偉壯麗的高山都予人奔騰氣壯之感。

第二個樂章採用流暢的行板，像流水般暢行無阻，以盧加諾湖為主要的導覽，並旁及其他湖泊，且包括萊茵河瀑布等。

第三個樂章採用稍快的中板，用於介紹歷史上有名的古堡，如蒙地貝羅、石埔古堡等，讓人在憑弔之餘，猶能想像當時社會的動態。

第四個樂章採用活潑的急板，主題集中在城市、鄉鎮的自然與人文景觀，如伯恩、琉森、日內瓦等，展現出瑞士活潑多樣的面貌。關於列支敦斯登的華度士、法國的霞慕尼，也會出現在此樂章。

瑞士交響曲——高山‧湖泊‧古堡‧城鎮

2

本書是我個人的旅遊記錄。我和哥哥雖未走遍全瑞士，事實上也罕有人辦到，但所到之處皆留下印象，而這正是欲與讀者分享之處。本書雖具文學性和音樂性等，但終究是遊記，自然會提到交通、地理等，只是若欲詳知，以下的網站就頗有權威性：http://www.myswitzerland.com/en/home.html

另外，在文中也會配合景點的介紹，再提供相關的英文版網站或交通資訊。而在書後的附錄，也有列出簽證、匯率、航班等基本資訊。建議欲自行前往瑞士旅行者，可多參考市面上相關的工具書，這樣食、衣、住、行等基本需求就能有效解決。當然，若參加的是旅行團，只要慎選旅行社，特別是專辦歐洲旅遊的旅行社，其實也無須對這些需求太操心。然而，無論是自助式或團體式的旅行，最重要的是放鬆心情，投入大自然，好好體會異國文化。希望本書能帶給你感性、知性兼具的閱讀經驗。

於2013年7月20日

FRANCE
法國

Basel
巴塞爾

比爾 Biel

紐沙特
Neuchâtel

伯恩
BERN

Interl

洛桑
Lausanne

Grinde
格林德

薇威
Vevey
蒙投
Montreux

韋爾比耶
Verbier

白內瓦
Genève

Martigny
馬提尼

Zer
策馬

GERMANY 德國

黎士
rich

聖加侖
St Gall

ne

瑞士
WITZERLAND

AUSTRIA
奧地利

茵特拉根

Chur
庫爾

Klosters 克洛斯特斯
Davos 達沃斯

安德馬特
Andermatt

St Moritz
聖模里茲

貝林佐納
Bellinzona

ITALY
義大利

Lugano
盧加諾

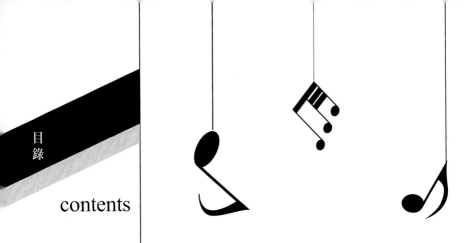

目
錄

contents

002 | 自序

008 | 第一樂章　最活潑的快板：高山

008 | 第一小節　風雲際會的高山隘口
015 | 第二小節　人氣最佳的冰河列車
020 | 第三小節　孤挺秀麗的馬特洪峰
028 | 第四小節　玉潔冰心的少女峰
036 | 第五小節　歐洲第一高的白朗峰

044 | 第二樂章　流暢的行板：湖泊

044 | 第一小節　南歐情懷的盧加諾湖
059 | 第二小節　流貫瑞法的日內瓦湖
064 | 第三小節　清麗脫俗的聖模里茲湖
068 | 第四小節　乘馬車遊達沃斯湖
072 | 第五小節　樂聲昂揚的萊茵河瀑布

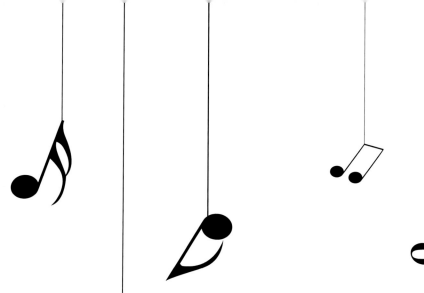

076　**第三樂章　稍快的中板：古堡**

076　第一小節　為防禦而築的蒙地貝羅堡

084　第二小節　曾是苦牢冤獄的石墉古堡

092　**第四樂章　活潑的急板：城鎮**

092　第一小節　國際性的大都會──日內瓦

104　第二小節　歷史性的古都──伯恩

111　第三小節　典雅迷人的古城──琉森

121　第四小節　遊馬特洪峰的前哨站──策馬特

126　第五小節　湖邊的度假勝地──蒙投

130　第六小節　往少女峰的必經之地──茵特拉根

134　第七小節　清新純樸的山城──格林德瓦

137　第八小節　小王國的首府──華度士

141　第九小節　登白朗峰的必訪之地──霞慕尼

148　**附錄──基本旅遊資訊**

第一樂章
最活潑的快板：高山

第一小節　風雲際會的高山隘口

請君泡杯好茶或咖啡，靜下心來，美妙動聽的交響曲就要開始演奏了。那是由瑞士東部的達沃斯（Davos）前往較下方的聖模里茲（St. Moritz）的路途上。這兩地雖相距不遠，中途卻得翻山越嶺，彷彿穿過邊境，來到另一個國家。稍為一想也沒錯，瑞士有60%的土地是由阿爾卑斯山系和朱羅山系所構成，公路自然是山路居多。而若就整個國土面積來看，瑞士比台灣大不到1.2倍。

經過這些高山隘口時，已是夕陽向晚天，但入冬前瑞士的白晝較長，起伏的山巒、滿山的殘雪、蜿蜒的山路等依舊清晰可見。那些入春後猶在的殘雪布滿山谷，望去好似山中的巨人撒了一大把鹽或糖在天地間，也像是夢境中迷失在高山上，多少令人感到好奇又害怕，特別是風起雲湧，天色大變時。當看到一輛黃色的巴士迂迴在雪花滿地的山路時，想想自己也正坐在車上，只是方向是往上盤旋。

▌積雪終年不消

本樂章的主題是雄偉壯麗的高山、行駛中的列車等，節奏活潑快速，
予人奔騰氣壯之感，以歐洲三大名峰**馬特洪峰、少女峰、白朗峰**為主。

▌巴士迂迴在山路

拉近鏡頭拍攝那些殘雪時，發現遠看似鹽或糖的雪堆，這時看起來
卻像一團團的棉花，也許更像棉花糖或香草霜淇淋。不，配上未被
雪覆蓋的褐色山地部分，看來真像是巧克力霜淇淋，一定會讓愛吃
甜食者大快朵頤。很有趣吧！原本旅行都有一個既定的目的地，但
有時途中所經過的地方、所看到的景物卻更令人難忘，而這些在一
般旅遊書刊中甚少提及。

另一處高山隘口

還有一次路過高山隘口，景觀雖不同，卻一樣難以忘懷。那回是從瑞士東南方的盧加諾（Lugano）前往西南邊的策馬特（Zermatt），由於策馬特嚴禁汽車駛入，遊覽車只能坐到戴西（Täsch），再從那裡搭火車進城。車子中途也翻山越嶺，來到一處高山隘口。這兒的景致真是奇特壯麗，尤其是風雲交會，雲飛風轉時，不僅毫無山雨欲來的愁悶感，反而令人精神振奮，心胸為之開朗。

雲飛風轉

各路英雄聚集

此處設有休息站，遊客可下車走動一下，舒展筋骨，呼吸新鮮的空氣，欣賞高山的奇景。看一下周遭，不少登山客、騎機車上來的好手等也聚集在山頭，同為偉大瑰麗的景色讚歎不已。此刻已是長日將盡，但霞光依舊照得滿山通亮。

在這處高山隘口上，常會看到有十字架矗立，那並非墓園所在，也非過去曾發生山難，為悼念犧牲者所設置，而是純粹勸人信教或行善的一種標示。這景況就如同在台灣各地的大街小巷，或山郊野外，常見電線桿或牆壁上貼有「阿彌陀佛」的標語一樣。兩相比較，高山上的十字架或許效果較佳，從遠處來的人一看到，馬上就知道是在勸人信教或行善，或者正茫無頭緒，一看到就多少會鎮定下來，像我們隨口念出「阿彌陀佛」一樣。

既有休息站，自然會有人在此開店做生意，賣些紀念品或餐點、飲料等。在瑞士對於遊客有個好處，很多物品，包括一杯咖啡等，山上所賣的價錢和在大都會裡是一樣的，並不會因郊區野外就貴些，或隨便對旅客敲竹槓。

趁著上洗手間之便，來到了山上的餐廳。那餐廳頗寬敞，過了中午用餐時間後，整個下午就一直靜悄悄，來光顧的似乎只有照射進來的陽光，還有偶爾迴盪的人聲笑語等。透過窗戶往外望，青山、白雲和晴空如畫一般，綿延萬里長。

▍山上的十字架

▍ 餐廳窗外的山景

在瑞士像這樣的高山隘口還不少，事後看著照片回想，
這些地方更能看到大自然的原始樣貌。有趣的是當火車
都往標高3,000公尺以上的高山開去時，這些標高2,500公
尺以下的高山隘口只好靠巴士爬上去。

♫ INFORMATION 旅遊資訊 ♫♫

郵政巴士的網站如下，可帶你暢遊這些高山隘口：

http://www.post.ch/en/

第二小節　人氣最佳的冰河列車

瑞士是全歐洲火車最發達的國家，在世界鐵道史上也是舉足輕重，境內著名的火車路線就有冰河列車、伯連納快車、黃金列車、威廉泰爾列車、少女峰登山齒輪列車等（詳見本樂章第四小節）。此外，與鄰國共同經營的火車路線也很多，像為了攀登白朗峰而開往法國的白朗峰號列車（詳見本樂章第五小節）等。在這些列車當中，冰河列車始終是遊客的最愛和首選，即便此列車並非通往某座名山。

▌車程開始

冰河列車全長291公里，連接東邊聖模里茲（St. Moritz）、西邊策馬特（Zermatt）這兩大度假勝地，約需8小時走完全程，沿途所見多是高山、峽谷、溪流、村落等，冰河部分只能遠遠瞥見。由於搭乘費時，通常僅安排前半段，即由聖模里茲到安德馬特（Andermatt）的路段，但也耗去大半天。此列車命名為冰河，顯然是瑞士高山多冰河，風景也奇特迷人，具有觀光的號召力。

紅色塗裝的冰河列車穿梭在山林間的確很顯眼。列車行進時，遊客可戴上耳機，壓下座位上的按鈕，選擇一種語言來聆聽導覽。山間的教堂、城堡、橋樑等都有其歷史典故，而植物林相也各具特色。

若全程跑完，列車得跨過291座橋樑，穿越91條隧道。光數那些橋樑和隧道就會暈頭轉向，那能專心聆聽導覽。其實沒聽也無妨，靜靜欣賞湖光山色，偶爾與鄰座的人交換心得，一路上同樣樂趣無窮。

▍列車翻山越嶺　　▍蘭德瓦薩拱橋

▍山上的家園

▍中途換火車頭

▌蘭德瓦薩拱橋

在為數眾多的橋樑當中，蘭德瓦薩拱橋（Landwasser viaduct）是最出名的一座，早已成為冰河列車的標誌。世界各國的攝影家總是想拍取列車過橋的情景，就如同登山家想攀登天下名峰一樣，但這需要技術、能耐、時間等的配合。在尚未過橋時，哥哥已跑到前面的普通車廂準備。那邊的窗戶可往上推開，光線較佳，拍攝的角度也較易控制。

列車在途中會換火車頭，由別家鐵路公司接棒。此時遊客可下車透透風，拍拍照、看看風景。這條路線共由3家鐵路公司經營，可見所走距離之長、成本之大。

▌車上用餐

在列車上有兩項強迫性銷售，一項是紀念品，一項是午餐的飲料。紀念品部分還算平常，但餐後飲料不都是附帶的嗎？原來是為體恤隨車服務生而徵收，畢竟在登山火車上服務頗辛苦。飲料除了咖啡、紅茶，還有水果酒，而且可點在餐前或餐後飲用。用餐時，為避免整盤端出易受震動，服務生都先發放刀叉、盤子，之後再推出餐車，將飯、蔬菜、肉排等依序盛入盤裡。那天我們吃的主糧非飯亦非麵，而是燕麥。服務生一邊盛放，一邊以中文說著「燕麥」，讓人食欲大增。

▌車程近尾聲

到了迪森蒂斯（Disentis）這一站時，前半段的列車之旅已快接近尾聲。就在此時火車會逐漸爬升，直到海拔2,033公尺的上阿爾卑斯隘口（Oberalp pass），這是全線的最高點，之後就走下坡，開向安德馬特，再往後半段駛去。在迪森蒂斯的山坡上有棟聖本篤修道院，自17世紀就矗立於此，已成為該地的地標。

前半段的車程雖看不到冰河，但一路上風光旖旎數不盡，除了青山翠谷，還有可垂釣的清澈溪流、山腳下寧靜的湖泊、留有殘雪的山崗，甚至天空多變的雲朵等。這一切的純樸美麗都讓人看在眼裡，愉悅在心中。

下車後可領到一紙證書，表示已搭乘冰河列車，並領略其中的各種風光。這張證書剛拿到時只是一份證明文件，但隔一段時間，尤其是年老之後，再打開來看，這份證書就會成為一段美好時光的回憶。

▎近看聖本篤修道院

▎列車掠過山崗　　▎列車走過湖畔

♫ INFORMATION　旅遊資訊 ♫

┌─────────────────────────────────────┐
│ 冰河列車的網站如下，關於路線、票價、紀念品等均 │
│ 有詳細介紹：   │
│   │
│ http://www.glacierexpress.ch/en/   │
└─────────────────────────────────────┘

第三小節　孤挺秀麗的馬特洪峰

海拔4,478公尺的馬特洪峰（Matterhorn）並非瑞士第一高峰，但在國際間聲名遠播，究其原因，主要是此山的獨特造型所致。想看馬特洪峰就得到瑞士西南邊的策馬特，從那兒搭登山火車，到名為葛納葛拉特（Gornergrat）的觀景臺上觀看。由於策馬特嚴禁汽車駛入，一定得搭火車進城。搭乘冰河列車固然好，但太費時。可在布里格（Brig）搭上MGB（Matterhorn Gotthard Bahn）鐵道的火車，僅需1.5小時就抵達。我們當初是在遊完南部的盧加諾後，從那裡乘巴士到戴西，再改搭MGB的火車進入策馬特，時間上省很多。在戴西時，可順便將隔天從策馬特到觀景台的火車票買好。相關的網站就列在本節文末。

在策馬特只要是天氣好，一抬頭仰望，大概都可瞥見馬特洪峰尖銳的山頂。抵達策馬特時，我們在大街盡頭的天主教堂外就望見馬特洪峰。那時正是薄暮黃昏，山峰看來霧樣迷濛，但近乎三角造型的輪廓已算清晰。第二天上山之前，起得早，也在旅館的陽臺上看到馬特洪峰的日出。

朝霞染紅馬特洪峰

▌搭火車上山

從策馬特開往觀景台的是登山齒輪列車，大約45分鐘就到達目的
地，沿途仍設有數站，以方便健行的遊客隨時上車。或許有人會
疑惑，為何不直接開到馬特洪峰山頂，或者遊客再從觀景台攀
登上山？這兩者都牽涉到技術層面，前者有工程與山峰結構的限
制，後者則是連登山專家都不易攀爬，若體力、技巧、天候等配
合不佳，隨時會魂斷高山。再者，從觀景台到山頂尚有一大段
路，還是在臺上觀賞最具美感，角度也最佳。

事實上，當火車逐漸爬上坡時，一路上也是好景相隨。不過這需
要好天氣來配合，否則火車開得上去，但山區模糊不清，一樣會
敗興而歸。所謂的山區不僅是馬特洪峰，還包括其他大大小小的
20幾座山峰在內。

▌途中所見的山區旅館　▌火車抵達觀景台
▌途中所見的馬特洪峰

山區除了有觀測站等，最引人注目的就是如星羅棋布的
旅館，有些就像是山上人家。這現象就如同未抵達阿里
山之前，在奮起湖等地已可看到旅社或民宿，提供爬山
的人住一晚，隔天再繼續活動。

▌觀景台周邊的景色

就在一路風光賞不盡時，火車已到達觀景台。在這裡即便是夏天時，也能體會到冰天雪地的感覺，因為放眼望去，長年積雪的4,000公尺以上的高山連綿不絕，其間還夾雜7條冰河。瑞士最高的羅莎峰（Monte Rosa，義大利語即玫瑰山）海拔4,634公尺，就位於最左邊，而最右側的便是孤挺秀麗的馬特洪峰。

▌最左邊就是羅莎峰

▎ 拍照用的聖伯納犬

▎ 邊喝咖啡邊看山

觀景台周邊很熱鬧，有販賣紀念品的商店、小教堂、附設天文臺的崑畝飯店（Kulm Hotel）、與遊客拍照的聖伯納犬隊等。石砌的小教堂就位在飯店底下的左側，如木屋般可愛，入門處有蠟燭可買，介紹的文字除了英文，以及瑞士常用的德文、法文、義大利文外，還有西班牙文。我直接走到聖壇前，虔誠地為家人和台灣祈禱。真可惜！愛攝影的哥哥忙著拍外景，這棟小教堂卻一張也沒拍到，當然我禱告時的神情也無照片可作證。不過祈禱本來就是誠心的行為，無須擺出姿態供人拍照，否則就太矯揉造作了。

▌店舖後的馬特洪峰
▌崑畝飯店設有天文臺

在崑畝飯店的二樓陽臺上可邊喝咖啡，
邊欣賞一字排開的高山雪峰，觀景角度
的確很棒。至於樓下則是大廳兼精品
店，世界一流的服裝、皮鞋等在這深山
裡都買得到，而且不會比都市裡貴。當
然一般人瀏覽櫥窗就夠了，畢竟來此是
看山，果真要買，就等回國前在大城市
的百貨公司、精品店裡選購。

▊ 利菲湖區的健行

之後，有一段山路健行的活動，哥哥也跟著眾人去走，以便拍攝馬
特洪峰映照利菲湖（Riffelsee）的美景，順便體驗徒步旅行的樂趣。
至於我，行動不便總是吃虧些，只好坐在山頭的長椅上等火車，直
接搭回策馬特。此時四周靜下來，與我面對面的就只有奇偉壯麗的
馬特洪峰，真是人也孤單，山也孤單，不如相伴相看，畢竟千里而
來，不就是為了這座名峰。是啊！有這機會獨自再欣賞馬特洪峰，
不也是一種善緣，何必感到孤寂。或許正因為如此，特別喜愛馬特
洪峰。

健行的人約走40分鐘後，也會在另一站搭另一班列車下山。這段山
中健行依哥哥所拍到的景致來看，利菲湖那一帶多了棕色系的色
彩，不再像觀景臺上完全以白色為主。這可能正值秋天的緣故。除
了美得像仙境的湖中倒影外，還有黑白相間的山羊、羽毛般在湖中
漂浮的水草、古老的石塊等。

▌馬特洪峰的山羊　▌湖中的水草如羽毛　▌馬特洪峰映照湖中
▌馬特洪峰的大石塊　▌逆光中的水草

▌下山回策馬特

在這看似仙境又有些荒涼的山區也設有咖啡座,走累了可坐下來喝
一杯,但時間要控制好,以免錯過了下山的火車。通常下山時,從
火車的窗口仍可眺望馬特洪峰,好像山與人正一路相送,只是這也
必須碰上好天氣,否則很難望見。就在車窗出現了策馬特的旅館、
民宅時,這一趟馬特洪峰之行也就劃下了句點。和冰河列車一樣,
下車時也可獲得一張搭乘齒輪列車的證書。

關於策馬特這小山城,在第四樂章專論城鎮時,會詳加介紹。

♫ INFORMATION 旅遊資訊 ♫♫

到達此地及上山有關的交通網站如下:

http://www.mgbahn.ch/en/

http://www.gornergratbahn.ch/en/Pages/default.aspx

另外,鑒於有人欲在策馬特過夜,也提供專屬網站如下:

http://www.zermatt.ch/en/

第四小節　玉潔冰心的少女峰

比起馬特洪峰和法國的白朗峰，海拔在4,158公尺的少女峰
（Jungfrau），算是歐洲三大名峰中最低者，但是景色絕佳，名聞
遐邇，不輸另兩座山。欲攀登少女峰就須先進入瑞士中西部的茵
特拉根（Interlaken）或格林德瓦（Grindelwald）。這兩個山城離少
女峰不遠，都有火車開往克萊雪德（Kleine Scheidegg），再從那兒
轉搭少女峰登山齒輪列車上去。為了遊覽少女峰，多半的人會在
茵特拉根住一晚，但我們則待在格林德瓦，所以又多認識一個景
色秀美的山城。關於這兩地就留待第四樂章再詳述，而相關的網
站也同樣列於本節文末。

▌克萊雪德火車站

▎火車開始上山

火車剛爬坡時，四周仍是青山綠野，之後會穿越岩洞隧道，直抵名為
Jungfraujoch的全歐最高火車站。這個火車站在海拔3,454公尺，其上還
有個較高的斯芬克斯觀景台（Sphinx Terrace）。中途火車會暫停，讓
遊客在洞裡歇息，上洗手間，或從洞口觀看雪景，5分鐘後再開動，
因此不能逗留太久，以免困在深山洞穴裡。過去攀登少女峰有如天路
歷程，如今拜火車發達之賜，約50分鐘就到達山上。而且一進入秋冬
季，列車裡都會開暖氣，強弱大小可隨外邊的氣溫調整。

▎高山巨大火車小

▎從洞口觀看雪景

第一樂章　最活潑的快板：高山

2
9

▌雪山與冰河

少女峰是歐洲的屋脊，擁有歐亞大陸最長的阿雷奇冰河
（Aletschgletscher），綿延24公里，蔚為奇觀。那幾乎只有藍白兩
色的冰河地帶，望去真是冰河如玉山如畫，天府仙鄉在咫尺。在此
看到的不單是少女峰，還有位於左側的艾格峰（Eiger）和僧侶峰
（Mönch）。峰峰相連，白雪皚皚，雲霧繚繞，底下阿雷奇冰河緩緩
流，流痕似白玉紋路，又似仙蹤處處，更似情侶雙心長相繫，對此如
何不讚歎。聯合國教科文組織已將這條冰河列為世界自然遺產。

關於相連的三座山，有人戲謔地說，艾格峰就如紈綺子弟肖想玉潔冰
心的少女峰，幸好中間有座戒律森嚴的僧侶峰，於是少女的貞潔得以
永存，世人也能長久欣賞其清純之美。

▎阿雷奇冰河　　▎直昇機高飛

▎棲息中的烏鴉

▎烏鴉與直昇機

在這冰天雪地裡除了觀賞到少女群峰，還看到有架直昇機在山上飛翔，那鮮紅色的機身襯著雪白的山巒真是顯眼優美。當它往上飛高些時，群山在其下，蔚藍的穹蒼則成了它的背景，充分展現凌空翱翔的壯志。另外，也看到一隻烏鴉棲息在導覽牌上，有著雕像般靜態之美。這一切說是偶然見到固然沒錯，卻也得天候良好才行，否則勉強上山，恐怕如墮五里霧中，什麼也看不到。至於直昇機，遇到壞天氣，自然是無法飛了。因此遊覽高山之前，務必再與旅館或遊客中心等確認天氣狀況。

▌觀景台內

不畏天寒的人可在外賞雪看山，或在冰上走動，怕冷的人則可躲進斯芬克斯觀景台內。整個少女峰火車站也相當可觀，五大洲的人都在此用餐，避寒或購物。最有趣的是購買明信片，寫下問候，貼上郵票，蓋上郵戳，投入郵筒，遙寄給家鄉的親友。前一天晚上在格林德瓦，我們就買好明信片，寫好問候語，所以在站內的郵局，買了郵票，一貼上就寄了出去。返回台灣數日後，收到了來自瑞士的自我祝福。那種感覺很不錯，像是重溫了旅行的愉快經歷。

▌另一側觀景台外

▌觀景台內

▌餐廳外的冰柱及冰河

▌琉璃般的美景

在高山餐廳外，可看到屋簷下有冰柱結成，長短不一，
待走入餐廳，由窗戶往外望，群峰透過冰柱看去，美得
如夢似幻，一切彷彿琉璃世界那般玲瓏剔透。這景象將
玉潔冰心般的少女峰美化得更迷人，更清麗脫俗，真不
愧是上天刻意妝扮人間的一座稀有山峰。

▌從冰柱望向山峰

▋ 走入冰宮

附近有個冰宮，走入其間，感覺比外面寒冷，左右皆是冰牆，走道也是冰雪鋪成。有句成語說如臨深淵，如履薄冰，在此完全可以體驗到。若對尋幽探勝或觀賞冰雕不是很有興趣，不必全程走完。此外，冰宮路面很滑，尤須留意腳步。

▋ 回程途中

下山時火車跑得比上山時快，約40分鐘就返回克萊雪德。途中所見風景稍為與上山時不同，就在一大片青山翠谷中，藏著一條史塔巴哈瀑布（Staubbach Fall），但細細小小，沒什麼澎湃氣勢，只是在萬綠山谷中顯得較清爽。

搭乘少女峰登山列車也可拿到一紙證書，表明拜訪了歐洲最高的少女峰火車站。

♫ INFORMATION 旅遊資訊 ♫♫

少女峰鐵道的官方網站如下，內含克萊雪德附近的健行路線、住宿等：

http://www.jungfraubahn.ch/en/

另外，鑒於有人欲在茵特拉根或格林德瓦過夜，也提供專屬網站如下：

http://www.interlakentourism.ch/en/

http://www.grindelwald.ch/en/

▌下山看到青翠山谷

第五小節　歐洲第一高的白朗峰

歐洲最高的白朗峰（Mont Blanc）在海拔4,808公尺，位於法國與義大利的阿爾卑斯山系交接處，自古兩國均宣稱擁有該山，但近代法國的地圖學家將其劃入法國邊境，從此世人普遍認知主要為法國所有。此山的巔峰就在法國東部的霞慕尼（Chamonix）。我們當初是先乘巴士到瑞士南方的馬提尼（Martigny），再改搭白朗峰號列車，穿過山谷進入霞慕尼。

▌白朗峰號列車

這一段由瑞士到法國的列車之旅頗特別，盡收眼底的除了高山、溪谷、森林、村落外，還看到搭同一班列車回家的瑞士中小學生。他們在進入法國前就陸續下車了。在車廂裡，只要一看到一群亞洲觀光客，即使旁邊還有些空位，他們也不敢或不願坐過來。其實人同此心，心同此理，換做我們看到一夥歐洲旅客，我們也羞於與之同坐。無論如何，看著他們談笑戲耍，一副少年不知愁的模樣，真是青春年華多逍遙。

搭乘白朗峰號列車不像冰河列車、少女峰登山齒輪列車，以及由策馬特開往葛納葛拉特觀景台的火車一樣，在旅程完畢後可領到一張證書，但一路風景絕佳，不亞於冰河列車的前半段所見。

中途上來一位婦人，看到我在翻閱一本撿到的日文旅遊書，以為我是日本人，經我表明，方知是台灣人。接著，我們聊了起來，談得蠻順暢，原來她正是英國人，但並非前往白朗峰的遊客，只是有事要去法國。

然後也有一群看似東歐的乘客上車，我們趁機用簡單的法語向他們打招呼，可是他們只看著我們傻笑，不知是不懂法語，還是我們的法語講得不好？不過沒關係，有緣來共乘，欣賞美好風光的快樂心情就是共通的語言。

▌列車上的瑞士學生

▌瑞士學生中途下車

▌俯瞰地面

▌登山纜車

有趣的白朗峰號列車搭到霞慕尼時已是黃昏時刻，欲攀登白朗峰還
得再乘坐登山纜車，因此當晚在霞慕尼過夜，隔天一早才上山。

登山纜車的車站四周，姹紫嫣紅的鮮花開得五彩繽紛，彷彿盛夏猶
在，好似暖春已屆，清晨的空氣也特別甘甜爽快。搭乘名為Aiguille
du Midi的登山纜車，只需20分鐘就可抵達觀景台，但中途須換車。
法文Aiguille du Midi是指太陽中午時分照在峰頂上，也指白朗峰山系
的南針峰而言。南針峰的海拔較低，但山上有尖塔，比白朗峰更容
易映入眼簾。

搭纜車上山

隨著纜車升空，往前看去，壯觀的雪山已逐
漸展現出磅礴氣勢，而朝下望去，屋宇、車
輛等顯得十分渺小。那種感覺固然很奇妙、
很過癮，但多少還有點緊張，就擔心萬一運
作不順，懸掛在半空中可不好受。途中也有
看到紅色籃子狀的小纜車，那是滑雪客或其
他高山活動者專用的纜車。

▌山頂好風光

待安抵海拔3,842公尺的觀景台，放眼望去，一片冰天雪地，幸好不怕冷，也沒懼高症，四周走一圈，暖和四肢。目睹山頂圓滿的白朗峰，狀如饅頭，並站在法國、瑞士、義大利三國交界的屋脊上，賞遍崢嶸雄偉的山峰與冰河。此時用望遠鏡看去，一群登山家正努力攀越白朗峰，黑點竄動有如白糖上的螞蟻，卻也構成一幅幅動人的畫面。其中有個登山家孤軍奮鬥，一路走來像溜冰般美妙。

當金色陽光四射，更令人動容，彷彿上天的慈暉普照群峰，象徵著和平、幸福、美好與希望。朝陽如此聖潔美麗，想必晚霞更絢爛多彩。再看那如浪的一波波雲海飄浮在山巒間，耳畔的交響曲吹奏得愈加悠揚激切，聲聲絲竹直撼人心。乃至於亦令人想起巴哈、莫札特、舒伯特等音樂家所譜寫的《聖母頌》（Ave Maria）。這些作曲家的《聖母頌》雖曲調、旋律、風格等各自不同，然神聖、慈悲、虔誠、偉大的精神則一致，同樣感人地貫穿全曲。就是在此刻聽到布拉姆斯所作的合唱曲《德意志安魂曲》（Ein Deutsches Requiem），也覺得貼近此情此境。與一般安魂曲有別，《德意志安魂曲》主要是在激勵世人，於一片祥和樂聲中，使其對人生有所期許。

當然，並非要目睹白朗峰，方有感而發，在觀賞馬特洪峰、少女峰等各種雪山時，優美、動人的音樂自然由心中響起，而且可隨人而異。

▌ 仰望白朗峰頂
▌ 朝陽普照群峰
▌ 崢嶸雄偉的山峰

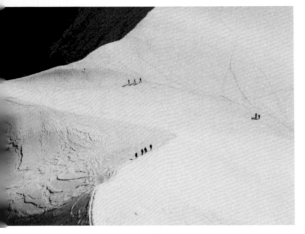

▌登山路線似溜冰　　▌走在雪山的稜線上
▌在雪地上健行　　　▌俯瞰纜車中途站

瑞士交響曲——高山‧湖泊‧古堡‧城鎮

4
2

觀景臺上有供人踏冰戲雪之處，也有觀測站、餐廳、商
店等。一些怕冷或登高就頭暈的遊客，紛紛躲入店裡休
息，喝點熱咖啡或紅茶，甚至吃個點心，以驅除寒氣。
在店內巧遇一對來自美國的青年男女，隨興聊起高山、
氣候等。他們對於亞熱帶的台灣有座飄雪的玉山，感到
很驚奇。從觀景台俯瞰纜車中途站，就像回首來時路，
越發感到整個高山地區的壯麗氣勢。

基於瑞士通往法國很便利，白朗峰又舉世聞名，有些報導瑞士旅遊的國外書刊也專文介紹，畢竟廣義而言，皆屬於阿爾卑斯山系，很值得一遊。然而和瑞士境內的馬特洪峰、少女峰等一樣，在出發前必須先確認天氣狀況。如果天候不佳，光是乘坐纜車就失去意義，無法博覽天地萬物。

關於霞慕尼，這個因白朗峰而出名的城市，會在第四樂章詳細介紹。

♫ INFORMATION 旅遊資訊 ♫

相關網站提供如下，包括白朗峰、霞慕尼，以及白朗峰號列車等資訊：

http://www.chamonix.com/welcome,0,en.html

http://tmrsa.ch/index.php?&chglangue=2

第二樂章
流暢的行板：湖泊

第一小節　南歐情懷的盧加諾湖

盧加諾（Lugano）在瑞士南方的提契諾（Ticino）州，是義大利語區最大的都市，因擁有盧加諾湖而馳名於世。若說同在該州，古堡聚集的貝林佐納（Bellinzona）是令人懷舊的地方（詳見第三樂章），則盧加諾便是時髦又熱情洋溢的城市，滿街盡是精品店、咖啡店、餐廳、旅館等，也是有名的金融中心，但商業氣息沒休閒氣氛那般濃厚。由於這兒距離義大利很近，處處充滿南歐拉丁文化的情懷與色調。晨間有人環湖慢跑，散步或遛狗等。當太陽高昇時，湖畔的樹蔭下是遮陽的好地方。那投射在步道上的樹影、人影、欄杆的影子、長凳的影子等宛如剪紙藝術般巧妙有趣。

不僅人們歡迎一日之晨的盧加諾湖，就連湖中的鴨子也游得愉悅無比，有的甚至上岸來，大搖大擺和搭小船過來的人走在一塊，而天鵝、鴿子也都早就在岸邊漫步，一邊唱著晨光曲，一邊眼光犀利地找尋小蟲或肉屑。

▌清晨的盧加諾湖

本樂章的主題是湖泊，節奏稍緩但暢行無阻，就像如歌的行板一樣
悅耳動聽，而環湖的城鄉更充滿跳躍的音符，共譜輕快柔美的旋律。

▌天鵝和鴿子也上岸來

清晨的盧加諾湖有著薄紗籠罩的飄逸之美，應是雲霧之氣凝聚所致，待金色陽光普照大地時，湖水忽藍忽綠，乃至金光閃閃，好似寶石瑪瑙般光輝耀眼。從盧加諾湖望去有布雷山（Monte Brè）與聖薩爾瓦多山（Monte San Salvatore），就分別位於左右兩側，有時也隨著湖水、光線、角度等而呈現碧綠或寶藍色。

布雷山與聖薩爾瓦多山均有纜車可通達。居高臨下時俯瞰盧加諾湖，乃至整個市區，則視野寬廣，別有一番海闊天空的感覺。

┃ 鴨子與人上岸來
┃ 布雷山與湖一色藍
┃ 聖薩爾瓦多山與湖

▍從駕駛艙外望　▍乘船遊湖　▍湖邊屋舍
▍湖邊聚落　▍山腰岸邊多樓房　▍小艇與天鵝

▍乘船遊湖

既已來到湖邊，最大的樂趣就是搭船遊湖，這也是最直接的親水活動。遊覽船沿湖行駛，途中也會靠岸暫停，讓乘客上下船。若坐著船一直南下，可通往義大利的米蘭（Milano）。環視湖濱，民宅、餐廳、酒館、咖啡店林立，新舊樓房布滿山腰和岸邊，屋宇牆面更是粉紅、米黃、淡綠等色色皆有，純然是義大利風格。出租用的小船、遊艇也很多。當然也有各種水禽悠游其中，繪成一幅幅優美的湖區風景畫。我們選擇坐在甲板上，這對於愛攝影的哥哥而言，的確是很好的位置，觸目所及全是水波盪漾、山明水秀的盧加諾湖。若陽光照射較強時，還是可以移到船艙去坐，在那兒隔著窗口，仍可欣賞到亮麗的湖光山色。

▌湖邊飯店

由於盧加諾一年到頭陽光燦爛的日子多，很適
合各種湖上運動，像協力划舟、划獨木舟、開
小汽艇等。然而對遊客而言，搭乘遊船是最便
捷的觀光方式，可賞遍環湖各色風光與活動。

在甲板上眺望山光水色時，向船長請教了船票
上的文字，他以為我義大利文很行，於是回程
坐入船艙時，送了我一本義大利文與德文對照
的乘船導覽。封面是張盧加諾湖銀波閃爍的照
片。的確如其書名所示，這是個夢般的美麗湖
泊。或許有人會好奇瑞士是多重語言的國家，
為何這本導覽只印義大利文與德文，看不到使
用人口比義大利文多的法文，甚至國際通行的
英文呢？理由很簡單，盧加諾是義大利語的大
本營，與臨近的義大利較親，自然優先使用自
己的語文。其次為尊重使用人口佔一大半的德
語，也是全國普遍通用的語文，便再加印德
文。那亞洲人較容易看得懂的英文呢？以招攬
生意為主的網站一定有，至於普通的紙本導覽
或手冊，版面有限，多印一種語文會增加成
本，況且在英國以外的歐洲大陸，英文並非主
要語文。

划獨木舟

▋ 小山城甘德利亞

愉快地搭船順流而下，到了布雷山山腳下的甘德利亞（Gandria）時，遊船靠岸停駛，讓遊客下船，步上一級級的山階，造訪了這個類似九份的小山城。之所以有瑞士的九份之稱，除了一樣依山傍水，巷弄隨山路蜿蜒外，小吃店也同樣滿山城，不同的是九份以茶和竽圓湯出名，甘德利亞則以咖啡和美酒著稱。此外，九份由沒落的金礦業走向觀光業，甘德利亞則從小漁村發展為旅遊勝地。

我爬到半山腰就坐在路邊乘涼，哥哥則跟著大夥人往上攀登，之後就獨自一人在窄巷牆角遊逛，到處取景拍照。據他說，拍著拍著就遇見了一位年輕女郎。那女子也手持一部相機，而且和他的同一款式。以簡單的英語交談，方知這女子來自韓國，正在瑞士自助旅行，也同樣愛好攝影。在歐洲能碰見攝影同好，又一樣來自東亞，多少真是有緣。

艷陽下的盧加諾湖

在半山腰有一家藝品店,走了進去,從窗口眺望,艷陽下的盧加諾湖璀璨明亮,視野變得更開闊。接著我將視線移到店裡的油畫和陶藝上,這些全是老闆夫婦的作品,可謂自做自銷。太太專事繪畫,在閣樓設有畫室,作品皆與盧加諾湖有關,而先生則管營業並創作陶藝品。我看了一會,自忖錢不夠,買了兩張油畫的明信片和一枚彩繪磚塊,老闆還是很感謝。事後哥哥看了明信片上的油畫,覺得畫風很有特色,完全是當地人對周遭景物帶有濃厚情感的描繪。可惜他當時忙著攝影,未能進入店裡好好選購畫作。

再往前拾級而上,風景越發引人入勝,特別是從高處俯瞰,湖光如明鏡,山色如丹青,一切美好祥和都在望。這兒最顯著的就是有一所石砌的教堂,其十字架並非立在屋頂上,而是刻在牆面上。至於鐘樓,則在行船時即可遙望,已然成為山城的地標。看到教堂外停放不少汽車,難道這些車子也是搭船上來?當然不是,而是從市區順著山路開上來,所以想健行至此也可以。

▍俯視山明水秀　　▍教堂屋頂上的鐘樓
▍湖光椒花相映成趣

再來就數那具有拱門的私人院落最優雅迷人，從中望向青山綠湖真是如畫如夢。那擺放在桌上的辣椒花也開得鮮艷燦爛，和波光粼粼的湖泊相映成趣。

一路往上爬為的是登高望遠，好眺望那碧湖青天，但有時低頭看看腳底下的屋舍、院子等也很有趣，不過一兩分鐘前才經過，現在已是回首來時路，而且是條迂迴曲折的來時路。

▎有拱門的院落外

▎屋頂外瞥見湖泊 ▎等搭回船的當地小孩

▌巷子裡一家餐館

▌雷佐尼可廣場噴泉　　　　▌廣場附近餐廳多

▌返回市區

離開甘德利亞，再搭船返回盧加諾後，我們在利佛瑪廣場（Piazza della Riforma，又稱改革廣場）巷內的一家餐廳吃午飯，並且入鄉問俗，多點了盤披薩和二客義大利冰淇淋。原本關於城市方面，將集中在第四樂章專述，但盧加諾湖實在與盧加諾市密不可分，必須一併看待方能顯示出當地生活的特色。舉個簡單的例子，剛才與我們同船的乘客，有不少是住在湖區的當地人，他們來市中心是為了採購民生用品，或趁假日一家人出來吃頓飯。據報導，瑞士人退休後最想定居的城市就是盧加諾，可見氣候暖和的地方普受寒帶居民的歡迎。

■ 市區裡的海鷗雕塑

其實不必走入巷內的餐廳吃飯，在靠近搭船處的雷佐尼可（Rezzonico）廣場上，就可看到當地人在吃披薩，好像吃流水席一樣。另外，有人在戶外下棋，既能沐浴在陽光中，又能引來路人觀戰，特別是外地來的觀光客。廣場上也少不了嬉戲遊玩的兒童，他們的笑聲使得金色陽光更燦爛，日常生活更活潑有趣。廣場附近的街上商店雲集，有的還加蓋拱廊，看來古色古香，商品卻很時髦，而且可找到世界名品。若逢週末假日或節慶，這一帶勢必成為熱鬧的市集。

▌戶外下棋

另外，鳥類和家禽在此頗受歡迎，早已成為市民生活的一部分，也早已成為湖濱景致的一部分。在盧加諾市中心，有個雕塑即以海鷗為主題。看那些海鷗像疊羅漢一般，不僅有趣，還令人想起那首《海鷗》的流行老歌。不過，它們不是飛在藍藍海上，而是青青湖上，卻也一樣飛得越高，看得越遠。

沿著搭船處的湖濱往前走，有賭場、現代美術館和市民公園等。若時間充裕，參觀一下賭場、美術館固然不錯，但還是建議到公園走走，坐在樹蔭下再看看盧加諾湖，以及這個富有南歐情調的城市。

♫ INFORMATION 旅遊資訊 ♫

盧加諾湖及交通方面，包括布雷山、聖薩爾瓦多山的纜車等網站如下：

http://www.lugano-tourism.ch/en/32/tourist-information.aspx

http://www.lakelugano.ch/en/10/homepage.aspx

http://www.montesansalvatore.ch/en/home/

http://www.montebre.ch/?locale=en

法國船隻開進港來

第二小節　流貫瑞法的日內瓦湖

通常一提到日內瓦湖（Lake Geneva），腦海常會浮現一支擎天的大水柱，即湖中射水高達140公尺的大噴水機。沒錯，法文又稱雷夢湖（Lac Léman）的日內瓦湖很具國際性，更令全球各地的人自中學起就印象深刻，因為狀似新月的此湖有五分之三的面積在瑞士五分之二的面積在法國。湖的兩岸均是著名的度假勝地如蒙投（Montreux）、艾維昂（Évien）等。有趣的是日內瓦湖這名稱只在日內瓦通用，也是因為後者於近代崛起成為大都市，此湖才稱為日內瓦湖，但在瑞士其他地方如蒙投、薇威（Vevey）、洛桑（Lausanne）等地都稱為雷夢湖，在法國就更不用說了。

第二樂章　流暢的行板：湖泊

59

▌小朋友過馬路

▌最初的印象

來到日內瓦湖已接近黃昏，但天色還很亮，時而碧綠、時而澄藍的湖水
看得十分清楚，只可惜停留時間不長，也沒搭船遊湖。不過，即便有乘
船遊覽一下，這個號稱瑞士第一大湖的日內瓦湖總給人商業氣息較濃
的感覺，特別是看到輪船開來時，宛如世界各地的貿易港一般繁忙又機
械化，實在不如盧加諾湖那樣兩岸風光旖旎，航程中處處所見皆入詩入
畫。這或許是日內瓦湖遼闊得像汪洋大海吧！

▌湖畔休憩

無論如何，此刻夕陽西下，天色猶亮，來湖邊散步的當地人還不少，對
於國外來的遊客而言，又何嘗不是消除旅途疲憊的好地方。真的，當湖
邊吹起陣陣涼爽的秋風時，坐在岸上非但不覺寒意，反而心境漸漸沉澱
下來，思維變得清晰有條理，旅行奔波的勞累也消失淡化了。有些遊客
甚至趁此伸伸懶腰，做些簡單的體操。

▌ 紅色小街車
▌ 黃色小遊艇

環顧四周，有阿公推著娃娃車帶孫女出來散步，並抱著她在湖邊給水台
洗手，也有人牽著大黑狗出來遛達，更有幼稚園老師帶著小朋友來做戶
外教學。那些稚齡的小孩看來應是小班生，而那兩位大人則是歐洲幼稚
園常見的男老師。在亞洲幾乎幼稚園的老師都是女性，事實上擔任教育
工作不該分性別，況且男老師在體能運動與安全維護上更具優勢。當這
些小朋友要過馬路時，一個個都用繩子串連，前後由老師各一人押衛護
送，這樣就不會有小孩走丟了。想來真難得，竟能在日內瓦湖邊看到這
一幕生活教育，雖然在台灣也曾看過類似的新聞報導。

目送小朋友離去後，有一輛外觀像玩具火車的小街車開來，車內沒什麼
乘客，但大紅色的車身映照澄藍的湖泊還真搶眼。車上的乘客顯然是觀
光客，但也成為湖畔遊客注目的焦點。真有趣，人來賞湖，結果也成了
人看人。無獨有偶，這時湖上又出現一艘黃色小遊艇，航行在碧波盪漾
的湖中也是很顯眼，而且同樣是人來賞湖，結果成了人看人。這艘小遊
艇的出現總算為日內瓦湖帶來度假的氣氛，只是沒有盧加諾湖那般瀰漫
著鄉野情趣。

▋ 湖邊喝咖啡

盧加諾湖沿岸有咖啡店，在日內瓦湖周邊也有，而且是露天的咖啡店，只是家數沒盧加諾湖一帶那麼多。在這湖邊喝咖啡，一眼望去，白色的帆杆和蔚藍的晴空看得最清楚，其次就是地平線上的湖泊。然而最明顯，也最具詩情畫意的就是身旁的大樹，一棵棵正逐漸從青綠轉為橙黃，預示著夏天已遠去，秋天將到來。看到這夏末秋初的湖邊景致不太傷感，反而覺得風景比所喝的卡布其諾有味道。那咖啡實在沒台北的好喝。當然，或許我是烏龜吃大麥，喝不出卡布其諾的真正味道。總之，這杯咖啡是為了欣賞湖畔秋景才點的。

轉往蒙投途中，遠看湖泊像大海，一艘帆船漂浮在汪洋中，只有一個白點大小。日內瓦湖雖像海，但不是海，因為瑞士是中歐的內陸國。所以，瑞士有陸軍、空軍，但無海軍。不過，重要的湖泊還是有軍隊駐守，可稱之為湖軍。

關於日內瓦的都會風情，會在第四樂章再詳細介紹。

♫ INFORMATION 旅遊資訊 ♫

日內瓦湖的官方網站如下：

http://www.lake-geneva-region.ch/en/index.cfm

▌湖邊樹下喝咖啡

第三小節 清麗脫俗的聖模里茲湖

會到瑞士東邊的聖模里茲（St. Moritz）遊覽，固然是為了賞湖，最主要的還是為了隔天搭乘冰河列車。比起熱情洋溢的盧加諾湖，或大都會型的日內瓦湖，聖模里茲湖顯得十分寧靜，給人遠離城囂而孤芳自賞的感覺。若說盧加諾湖是愛妝扮的少女，日內瓦湖是有身份的貴婦，則聖模里茲湖便是自然美的村姑。那種自然美就是純樸且清麗脫俗。真的，從車上一眼望見時，就有這種感覺，彷彿沉穩的聖模里茲湖是個很好的傾訴對象，可以靜靜聽你訴說心中種種煩憂，最後在你離去時，一顆焦慮的心像是用清澄的湖水洗過了一般，漸漸平靜下來，變得舒坦些。這並非神話，因為在瑞士就有泉水可治療肉體痠痛的地方，而靜謐的湖水自然是有益於精神療傷。很幸運，在聖模里茲泉水與湖水皆有。

▌天清氣朗好湖泊

湖泊多半與所在的城市密不可分。森林圍繞的聖模里茲是個海拔1,856公尺的山城，雖然四周沒什麼名峰，卻也舉頭可見白雪皚皚的山頭，而且冬天一到，氣溫就降到攝氏零下20度左右，也因此曾辦過兩屆冬季奧運，並將於2015年舉辦世界滑雪比賽。不過有趣的是，冬季雖嚴寒，聖模里茲一年當中還是陽光普照的日子多，曬起來也不像盧加諾那般溽熱。如此一來，到聖模里茲湖散心就更宜人，四周陽光送暖，山水明媚，卻無喧鬧聲。

❙ 聖模里茲湖畔
❙ 湖泊遼闊天開朗

在聖模里茲湖的湖濱立有一個鐵鑄的紀念碑，或稱告示牌，其上刻有太
陽的笑臉，這就是聖模里茲的註冊商標，表示這是個有陽光、有山水的
好地方。沒錯，潔淨沉澱的湖水能洗滌塵垢，撫慰人心，連晴空裡的雲
彩看了也令人心曠神怡。來到這裡，最好把手機關掉，也不要頻頻與人
交談，就專心看著波光閃閃的湖水，再慢慢將視線移到周圍的山林，包
括對岸的樓房屋宇、遠處積雪的山頭，然後望向那蔚藍無比的天空，看
看變化萬千的雲彩是多麼自在奔放。這時你不僅會忘卻旅途的緊張與疲
憊，還會心情開朗起來，充分感受到旅行的樂趣。

說也微妙，賞湖中途，暫閉雙眼，耳畔隱約傳來的，竟與在盧加諾湖、
日內瓦湖時相異，並非熱鬧、華麗的管弦交響樂，而是蕭邦、貝多芬
等的鋼琴小品，或韋瓦第（Vivaldi）的小提琴協奏曲，第三號《秋》的
樂章。聽來既輕柔又舒緩。當然，樂自心中來，只要合情景，任君去回
想，由君去詮釋。

農家用品店　　佛像藝品店

湖區店家夜景

據報導，聖模里茲自古以來就是富豪人家常去的度假勝地，消費頗貴，但後來在靠近湖泊的地區也出現了平價的旅館、餐廳等，盡量使這山城的觀光大眾化。

在聖模里茲吃過鱒魚晚餐後，原本想再去賞湖，不料過了7點，天色已大暗，夜裡溫度驟降，實在又黑又冷，只好作罷。返回旅館途中，經過一條商店街，雖然店家已打烊，櫥窗仍亮著，好讓來往行人可瀏覽商品，也蔚為夜裡的一種特殊景觀。一整排的商店多半是販賣服飾品，但也有一兩家很特別，賣的是早期農家用品，甚至東方風味的佛像藝術品。那些藝品金碧輝煌，在夜晚看來更覺貴重。

湖區山嵐

如前所言，來到聖模里茲主要是為了搭乘冰河列車，因此隔天起得很早，希望好天氣帶來一趟愉快圓滿的火車之旅。果然不錯，推開旅館的窗戶往外望，聖模里茲湖周邊的山峰流瀉著雲氣，山形清晰可見，不論是覆蓋白雪的山頂，或是近在眼前的蓊鬱樹林，一切都澄明無比。這時空氣冰冷，卻令人感到清爽甘甜，整個人也跟著精神抖擻。

▌ 山明氣也爽

想必此刻湖畔很寧靜、很優美。說實在,若聖模里茲湖四周少了山峰
與樹林,而盡是一排排的高樓大廈,那這座湖泊還會那麼柔美,那麼
讓詩人、畫家,乃至一般人所鍾愛嗎?

聖模里茲的湖光山色充滿詩意畫情,但不少歐美人士都愛在冬季拜訪
聖模里茲,這時湖都結冰了,不是無法到湖邊散步嗎?原來他們熱愛
滑雪等活動,而冬天的聖模里茲就是一個很適合戶外活動的好地方,
難怪一陣子就有冬季運動會在此舉辦。即便湖泊結冰,在這兒也有冰
上賽馬的活動。有點不可思議吧!

順便一提,聖模里茲是屬於羅曼語(Romansh)區。雖然羅曼語和義
大利語、法語等一樣是源自拉丁文,但講這種語言的人口已非常少。
在聖模里茲的旅館、餐廳等,年輕一輩的服務生還是講德語較流利,
其次是國際通用的英語。

♫ INFORMATION 旅遊資訊 ♫

> **聖模里茲的官方網站提供如下,有湖泊、旅館、交通
> 等的詳細介紹:**
>
> http://www.stmoritz.ch/en/summer.html

第四小節　乘馬車遊達沃斯湖

位於瑞士東邊的達沃斯（Davos）在一般旅遊書籍中常被忽略，其實這也是一個景色秀麗又適宜療養，以及從事冬季運動的山城。德國小說家湯瑪斯曼（Thomas Mann）的名著《魔山》（*The Magic Mountain*）即以此地的療養院為故事背景，敘述一個名叫漢斯，自幼失去雙親的年輕人，因疑似感染肺結核，遂入院接受治療。其間，他結識各種想法不同的病人，並與他們共同生活，像是個歐洲社會的縮小體。後來，一次大戰爆發，他帶病從軍，意味著難逃宿命的安排。此外，寫《金銀島》（*Treasure Island*）成名的英國作家史蒂文生（Robert Stevenson）也曾來此治療肺結核。《金銀島》描寫海上冒險，也刻劃吉姆少年的心智成長。

和南方的策馬特（Zermatt）一樣，在達沃斯也有馬車可搭乘，不同的是策馬特標榜無汽車污染，馬車成為城裡的主要交通工具，但達沃斯沒有特別限制，馬車因此專用於觀光。在達沃斯乘馬車，車程較長，所見的城鎮風光較多，而且都會繞到翠綠清澈的達沃斯湖，讓遊客下馬車，好好在湖邊欣賞山水，並舒展筋骨。

乘馬車遊湖去
途中的教堂

▋ 快樂出遊

九月的達沃斯秋意頗深，午後雖有陽光，但搭上馬車，
走沒片刻，冷颼颼的寒風就迎面吹來。然而，儘管天
寒，首次在歐洲搭乘馬車真有趣，我們還沿途向行人揮
揮手，好像自己是花車遊街的大明星。基於觀光的目
的，馬車走得較悠閒，遊客也可仔細瀏覽街上的旅館、
餐廳、店舖、教堂、圖書館等。那些建築物都很有特
色，其中名為「瑞士之家」（Schweizerhaus）的圖書館看
來有點像台北故事館。此外，有一棟類似體育館的建築
物，不算大，外邊插滿了各國旗幟，看來頗熱鬧，原來
這就是每年召開世界經濟論壇（World Economic Forum）
的會場。

馬車已來到郊外

來到青青湖畔

隨著輕快的馬蹄聲往前走，繁華的街景漸漸遠去，寧靜優美的景致
緩緩展現，於是來到了達沃斯湖。此刻接近黃昏，陽光依然燦爛，
白雲伴著藍天，碧湖倚著青山，湖光山色如詩如畫如醇酒般醉人，
只是寒意更濃。有位遊客索性坐在草地上，將左腳慢慢伸入湖中，
不出幾秒就拔腿站起，冷得直發抖，說是腳冰得像在冷凍庫裡。這
時用望遠鏡觀覽，積雪的山頭下，有綿羊徜徉在青青山坡上。

顯然達沃斯湖的美不同於盧加諾湖或日內瓦湖，反倒類似聖模里茲
湖，但面積小些，湖水更碧綠，周圍更寂靜，更適合散心解悶。
在瑞士其間，特地拜訪或經過的湖泊不在少數，但達沃斯湖最令人
難以忘懷，或許是因為乘坐馬車到此一遊吧！一趟馬車之旅讓我想
起那首蘇格蘭民謠《羅莽湖邊》：出城郊，風光好，望遠波，真美
麗，香塵日照裡，羅莽湖上……

♫ INFORMATION 旅遊資訊 ♫

達沃斯的官方網站如下：

http://www.davos.ch/en.html

▎青山下的達沃斯湖

搭船遊瀑布

第五小節　樂聲昂揚的萊茵河瀑布

通常到瑞士都是從第一大城蘇黎世（Zürich）進出，但除非是有到市區觀光，否則對蘇黎世的印象都止於機場而已。實際上，瑞士是越往郊外走，風景就越美。離開蘇黎世機場，約67公里的巴士路程，就來到位於德瑞交界的萊茵河瀑布（Rhine Falls）。這瀑布雖沒有美加交界的尼加拉瓜瀑布（Niagara Falls）那般雄偉浩大，卻也氣勢奔騰，比起之前的湖泊，可謂輕柔的樂聲開始激昂揚起。萊茵河瀑布的平均流量是每秒700立方公尺，落差21公尺，連魚都難逆流而上，遊客卻能乘船享受水花飛濺的樂趣。

在萊茵河瀑布上面有長橋跨越，由德國開來的火車，進入瑞士時一定會通過這座橋。火車的奔馳聲，配上瀑布的狂瀉聲，真可想像多麼驚天動地，宛如貝多芬的《第六號田園交響曲》（Symphony No. 6 "Pastoral"）已進入雷電和風雨交加的第四樂章。

▍瀑布上的長橋

▍觀賞瀑布看天氣

遊客由郊區的山坡地進入萊茵河瀑布時，應是瀑布的後半段，也就是河
水流動較緩慢、較平靜的部分，看來就像一般的河川。沿著河濱往前
走，再走些上坡路，就可目睹瀑布的澎湃衝勁，以及各種奔放洶湧的雄
姿。當然，水聲已非喃喃低語似，而是轉為慷慨激昂的高歌。在一片驚
濤駭浪中有塊巨大的岩石，乘船遊覽時可到此巨岩上觀看全景，充分體
驗瀑布的偉大氣勢。然而這也得視季節而定，像春夏季就很不錯，而
進入秋冬後就不太理想。由於瑞士的國慶是在8月1日的夏天，當晚在瀑
布上有施放煙火，的確可遊瀑布又看火花。關於瑞士的國慶日定在8月
1日，乃是為紀念1291年中部3小州，烏里（Uri）、舒維茲（Schwyz）及
下瓦爾登（Unterwalden）在8月1日當天結成軍事同盟。

萊茵河瀑布雖只是個郊外的瀑布，和上高山賞名峰一樣，天氣的好壞決
定了一切。我們到達瀑布的當天早上有下過雨，天色較陰沉，光線顯得
不充足，周圍的景色看來也就沒那麼光鮮亮麗。

瀑布上的岩石

此段尚有田園風味

坡地上的民宅

▍瀑布外圍的景物

瀑布的河濱，寧靜清幽，令人沉醉，不出片刻就消除了長途
飛行的勞累。剛拐入瀑布的地方有幾幢民宅，座落在山坡
地上，看起來像是童話書裡的房子，悄悄隱藏在森林深處。
除了這幾戶民家外，河邊也有販賣紀念品、餐點、飲料的店
舖，甚至像鄉村客棧那樣的餐館。我在最外邊一家商店買了
些喉糖和水果糖。付帳時，出於好奇心，問了店員有關瑞士
法郎紙鈔上的人物。結果，那位店員答得妙，說她對這德語
區以外的歷史人物不太清楚，反正鈔票面額越大越受歡迎。

瑞士法郎縮寫成CHF，其中CH（Confoederatio Helvetica）是
源自拉丁文，意即瑞士聯邦，而F就是法郎（Franc）。目前
（2013年）一塊瑞士法郎約等於台幣30元。除了瑞士法郎，
歐元（Euro）在此也通用。

♫ INFORMATION 旅遊資訊 ♫♫

相關網站如下：

http://www.zuerich.com/http://www.rheinfall.ch/home

第二樂章 流暢的行板：湖泊

75

第三樂章
稍快的中板：古堡

第一小節　為防禦而築的蒙地貝羅堡

從13世紀開始由州的同盟逐步建國的瑞士，比起鄰近的法國、德國、奧地利等，顯然較欠缺氣派的皇宮或華麗的城堡，那是因為有很長一段時間，瑞士都是鄰國所管轄的一部分。然而，特殊的歷史背景與地理位置也造就了以防衛為主的堡壘，例如貝林佐納（Bellinzona）城的一些古堡。從蘇黎世（Zürich）到貝林佐納搭火車約需兩個半小時。若從同屬提契諾（Ticino）州的盧加諾（Lugano）過來則僅需半小時。我們當初是在乘坐冰河列車觀光後，於安德馬特（Andermatt）下車，再轉搭巴士，走了約114公里，抵達貝林佐納。

貝林佐納這個提契諾州的首府，是阿爾卑斯山脈與南義大利之間交通往來必經之地，自羅馬帝國時代以來，陸續建造了3座有名的古堡，由西向東排列，分別是大城堡（Castelgrande）、蒙地貝羅堡（Castello di Montebello），以及莎索可巴羅堡（Castello di Sasso Corbaro）。有些書將莎索可巴羅堡譯為卡斯特羅城堡，實際上只音譯Castello這個意即城堡的義大利文，並沒有將城堡的真正名稱譯出。

本樂章的主題是古堡，採用稍快的中板，用於介紹歷史上有名的城堡建築物，讓人在充滿思古幽情的樂聲中，憑弔古蹟，並想像當時社會的動態。

▌石牆古堡的塔頂映照藍天（詳見本章第二小節）

巨大的城牆

這3座古堡佔地大小不同，建造時間也先後有別，但都是為防
禦敵軍入侵，同樣具有國防和戰略價值。聯合國教科文組織
於2000年，已將它們列為世界文化遺產，足以證明在古蹟與
歷史上的重要性。

█ 山丘上的城堡

由於待在貝林佐納的時間不長，我們只參觀了最具代表性的
蒙地貝羅堡。這個山丘上的古堡建於中世紀，並於文藝復興
時期擴建，成為今日所見的規模。從蒙地貝羅堡眺望，視野
極佳，彷彿君臨天下，貝林佐納的市區街道都在腳底下。

簡單而言，蒙地貝羅堡是個石雕的堡壘，沒有一般歐洲城堡所見那樣金碧輝煌或富麗堂皇，但擁有它的王公貴人還是曾在此住過，而且配有一批軍職人員駐守。不過，隨著時代的變遷、戰事的有無，或其他因素，這些為防衛而效力的軍隊也是來來去去。從那清一色石砌的廂房或樓房來看，除了軍官士兵的起居室、傳達室、警衛室等之外，免不了也有關戰犯或處罰士兵的監獄。有座樓塔上也矗立著十字架，其下還繫著一口鐘，顯然宗教信仰已流入，城堡中設有禮拜堂。該禮拜堂屬於小型教堂，專門供奉聖馬可，約建於1600年。當然，步入近代後，有些樓房被改為陳列室或展覽館，而離入口很近的警衛室則改為洗手間。

▌古堡下的市區

▌歷久彌堅的牆面　▌近看屋上的十字架　▌城樓後面有山坡

▌樓塔上的十字架（　▌古堡內的房舍

看著那托斯卡尼般的豔陽照在古堡各處，牆垣上、屋宇上、樓台上、走道上一一投射出陰影，或大或小，或長或短，映在灰白的石面上真是奇妙有趣，但低頭細思，千百年的歲月流失了，震天撼地的戰爭也早已消失了。

從蒙地貝羅堡可眺望莎索可巴羅堡，後者是3個古堡中面積最小的一座，但同樣富有軍事意義。據說這3座古堡在構築上，均隨著不同的軍事或政治策略而有差異。如今站在高崗上，歷經多少朝代，目送無數夕陽，草木依舊綠，只是千軍萬馬的廝殺聲早已湮沒在歷史的長廊中。

烈日下逛累了古堡，找了處樹蔭，坐在底下休息，一時心血來潮，想起義大利作曲家威爾第（Verdi）的歌劇《弄臣》（Rigoletto），便唱出其中一首著名的詠嘆調〈女人善變〉（La donna è mobile），結果在附近的遊客也聽到，一致拍手稱讚。感覺蠻興奮，畢竟這是在義大利語區的古堡上開懷高歌，多少吻合當地的色彩。不過，欲表明的是，我生性保守，絕不像劇中那位風流倜儻的公爵，為了追逐愛情，常要弄臣為他物色佳人，結果陰錯陽差，愛上了弄臣的女兒，卻又害她斷魂。

古堡內有一處石砌的水槽，其水清涼潔淨，可生飲，在這炎熱如夏的地方尤受歡迎。至於城堡外，有坡地遍植栗子樹，午後南風輕拂，栗子連葉掉落，不少遊客在樹下納涼之餘，隨手撿拾，準備返回台灣時炒來吃。

此外，城堡的入口處，有見到類似台灣的冷飲攤販，不過僅此一攤，別無他家。在古堡外若有人想做生意，須得申請通過才准營業。因為一時只限一家，所以名勝地區可維持良好的環境，不像在台灣，過多的攤販總是煞風景，又破壞環境。

▌來古堡拍婚紗照

那天在蒙地貝羅堡，還碰巧看到當地的一對新人來此拍婚紗照，場面顯得活潑熱鬧，有些觀光客都爭著與他們合照，以沾沾喜氣。走過他們身旁，我用義大利語問好，他們回應時笑得更燦爛美好。負責拍照的婚紗攝影社會選擇蒙地貝羅堡，除了出於文化古蹟的魅力外，或許也希望婚姻如城堡般歷久彌堅。於是古堡新人相輝映，歷史情愛共榮耀。

除了這對婚事已定的新人，在古堡內尚可見情侶成雙成對。他們來此訴說愛意，盟誓真情，或懷抱遠景，看來這真是個能讓人此情永不渝的好地方。這些青年男女的外貌與義大利人沒什麼兩樣，因為他們的祖先大部分就是來自義大利，而貝林佐納又在義大利語區，自然是與義大利較有地緣關係。然而，這裡的人與物再怎麼充滿義大利風味，終究還是在瑞士，因此那些青年男女應是瑞士人。

▌眺望莎索可巴羅堡

▌古堡新人相輝映

♫ INFORMATION 旅遊資訊 ♫

相關網站如下：

http://www.bellinzonaturismo.ch/en.aspx

第二小節　曾是苦牢冤獄的石墉古堡

在瑞士西邊的蒙投（Montreux）境內的石墉古堡（Château de Chillon）建於中世紀，是瑞士最大的古堡，因19世紀初英國詩人拜倫（Byron）曾造訪，在地窖的石柱上留下簽名，並將其感想寫成〈石墉的囚徒〉（The Prisoner of Chillon）一詩而舉世聞名。詩中所描寫的囚徒是16世紀中葉的僧侶波尼乏（Bonivard），因反抗日內瓦統治當局，被捕下獄，囚禁在古堡長達6年，而且是被鐵鍊栓在石柱上。

在這首392行的敘事詩裡，拜倫一反慣有的浪漫主義情懷，對波尼乏及其同伴所受的苦難折磨有很多寫實的描述，像暗無天日的地窖囚牢、慘無人道的刑具等。然而詩人還是發揮了想像力，使敘事詩仍含有浪漫色彩，例如月光照射下，牆角的蜘蛛、窟窿的老鼠等都成了囚徒的好朋友，讓他們的心靈免受禁錮。

▌古堡巡禮

從外觀上看，石墉古堡蠻合乎童話所描寫，或一般人所想像的城堡，且又位於日內瓦湖（在此亦稱雷夢湖）東岸，風景優美迷人，散發出高雅又有些遺世獨立的氛圍。可惜事實並非如此，有很長一段時日，石墉古堡很像台灣昔日的綠島，專門關政治犯或重大案件的犯人，並且有很多人就老死於此，埋葬在如海的湖中。

除了古堡本身的建築外，周圍還有庭院、林蔭步道等。湖畔也有小船停泊，想必在古代已有人從石階下來，在這兒搭船，航向茫茫的彼岸。

▋ 古堡外觀如童話般

▋ 古堡塔頂映照藍天

▋ 古堡正門有天篷

古堡左側的庭院

古堡外的林蔭步道

建在河上的古堡

一走入古堡，觸目所及皆是石塊，樓台城門是石雕堆砌，走道台階更是石子鋪成。漫步在其間，給人的印象是艱苦清貧，彷彿深山裡的修道院，而實際上則是冰冷殘酷的大牢獄。若非窗櫺上、台階上，水槽邊等有花卉點綴，可看到灰色、白色以外的色彩，走在這崎嶇不平的石子路上，心中頗鬱悶，好像自己也要被押進苦牢，或淡淡的哀傷與恐懼自心底浮現，像是隱約聽到囚犯的冤魂在吶喊。可想像若是在淒風苦雨或飄雪的日子來訪，這種憂鬱感將更深遠。

▌步道上的情侶

那些花朵想必是為了美化所栽種，而中庭裡有些廂房也改為咖啡廳、文物展示廳，或販賣紀念品的店舖。由於蒙投的爵士音樂節遠近馳名，樓上有些廳堂都出租供人辦音樂會。比起古典音樂，爵士音樂的歷史雖不長，但也超過了百年。若說古典音樂是歐洲白人的文化精華，則爵士音樂便是美洲黑人的生活精髓，更能傳達出庶民的心情、心聲與心願。總之，石墉古堡除了讓人憑弔，如今已是舉辦文藝活動的好場所，這對於古老的城堡而言，彷彿注入了一股新的生命力。

為了讓遊客了解古堡的歷史，館內都雇有各種語言的嚮導，而且所發送的小冊子除了文字說明，也有標示英文字母或阿拉伯數字，以便遊客對照各廂房、樓層等的字母或號碼，自行導覽認識。

▌古堡內皆有標示

▌走道上的花卉　　▌花卉點綴中庭

說到參觀名勝，聽取簡報，真正感興趣的人大概不多。美國文豪亨利詹姆斯（Henry James）在其短篇小說《黛絲彌勒》（Daisy Miller）中，就有安排男女主角遊覽石墉古堡的情節。他們當時是從離蒙投不遠的薇威（Vevey）搭船過來，但天真漂亮的黛絲似乎對古堡不感興趣，一心只想多了解剛認識不久的男主角溫德朋。遺憾的是率性而為、純真無邪的黛絲，看在旅歐的美國同胞眼裡，卻嫌張狂，缺少了歐洲仕女的矜持與矯揉。之後，黛絲轉往羅馬，不幸客死異鄉，一切恍若春殘夢斷。

不過，讀者諸君既已聆賞這首《瑞士交響曲》，且到了第三樂章古堡篇，就再跟我到地窖看看吧！地窖是囚犯受苦受難的地方，也是拜倫在《石墉的囚徒》一詩中描寫最多之處，充滿了死亡與恐怖的陰影，又是最接近冰冷的湖底，入冬後尤其冷冽。現在因開放參觀，配有燈光，但可想像中古時代這裡多黑暗！多悽慘！

■ 配有燈光的地窖

■ 城外巧遇天使

那天熱愛攝影的哥哥，從古堡正門到地窖，一張張拍個不停。最後離去時，也不忘在城堡外為我拍照留念。就在此刻，有個金髮女孩騎著單車路過，看到有人在拍照，便下了車停在路邊。等拍完後，我向她打手勢，她才點點頭，騎上車，準備再出發。但騎了數秒鐘轉過頭來，微笑的問我們從何處來？我告訴她是來自台灣，她聽了點點頭，又問是否是第一次來瑞士玩？感覺好嗎？我說沒錯，是第一次拜訪瑞士，也是頭一次到歐洲遊玩，感覺很美、很棒。她聽了頗高興，連忙說謝謝，並祝福我們旅途愉快，這才轉身離去。

返國後，看到洗出的相片，很可惜忘了邀她合照。她就像是黛絲的化身，也宛如撫慰旅人的天使，從湖中浮現，或自雲端飛來，青春的臉龐，漾著笑意與親切，永遠留影在我心中。

🎵 INFORMATION 旅 遊 資 訊 🎵

相關網站如下：

http://www.chillon.ch/en/index.cfm

▌ 從外面望向城堡

第四樂章
活潑的急板：城鎮

第一小節　國際性的大都會──日內瓦

日內瓦（Genève）是瑞士最有名的法語都市，也是商業發達的國際性大都會，境內有不少大機構，像聯合國歐洲總部、國際紅十字會總部、世界貿易組織總部等。此外，美術館、博物館，包括陶瓷器博物館、宗教改革博物館、時鐘博物館、盧梭博物館等也為數眾多。從蘇黎世（Zürich）到此，搭IC（Intercity）火車約需2小時45分。若從法國的巴黎（Paris）或義大利的米蘭（Milano）搭火車過來也需3至4小時。我們當初是在遊罷白朗峰，午後從法國的霞慕尼（Chamonix）乘巴士過來，速度上快多了。事實上，每天從法國到瑞士工作的通勤者也有5萬人之多，兩國間的往來十分頻繁。正因為如此，日內瓦深染法國色彩，再加上19世紀後葉以來，陸續有英國貴族移入，這個瑞士第二大城變得比蘇黎世更具國際性。

本樂章的主題是城鎮，採用活潑的急板，介紹各大城小鎮的自然與人文景觀，如伯恩、琉森、日內瓦、策馬特等，展現出瑞士活潑多樣的面貌。

策馬特熱鬧的大街（詳見本章第四小節）

在各種政經機構當中，國際紅十字會算是肇始於瑞士本土。名為亨利杜南（Henri Dunant）的瑞士商人兼人道主義者，因鑒於戰爭帶來傷兵、戰俘、無辜受害的平民等，故於1863年在日內瓦創立國際紅十字會，以達成人道救援之宗旨。總部的名稱縮寫成CICR（Comité international de la Croix-Rouge）是原法文，而ICRC（International Committee of the Red Cross）則是英譯的簡稱。

▌ 聯合國歐洲總部
▌ 紅十字會總部

在眾多的博物館當中，成立於19世紀的陶瓷器博物館最引人注目。這裡收藏自中世紀以來的各種陶瓷器、玻璃器皿等，在數量上居歐洲之冠，而且博物館的建築本身也很有藝術價值。其次，盧梭博物館亦值得參觀，因為世人只知盧梭（Rousseau，依法語發音應譯為胡梭）是個對18世紀的歐洲有重大影響的思想家、政治哲學家兼文學家，其實他也是位音樂家，編過音樂辭典，寫過7部歌劇，包括最著名的喜歌劇《算命仙》（Le devin du village）。在該劇中，一對情侶彼此皆懷疑對方不貞，便個別請教鄉下的算命仙，因而鬧出些笑話。

▌陶瓷器博物館

▌醒世的破椅雕塑

就在聯合國歐洲總部的大門前，有一把木雕的大型破椅，其來歷與寓意非凡，可惜鮮少有書刊予以介紹。這張破椅有其設計師，但其雕塑家的名字更響亮、更好記，就叫日內瓦（Louis Genève）。這兩人並非隨興所至，塑造一件藝術品，供大眾欣賞。他們是受國際殘障協會所託，為1997年渥太華條約之簽署而創作。簽署該條約就是為訂定反地雷的法令。

地雷常用於戰爭，其目的是殲滅敵人，但也常令無辜的百姓因誤踩而受害。基於人道立場，地雷之設置實應禁止。這把破椅即象徵踩到地雷的人，不幸失去一條腿，就像斷了一隻腳的椅子，終生引以為憾。當然，也有兩腿全失或當場炸死的情形，可見地雷之恐怖與戰爭之殘酷。

▌醒世的破椅雕塑

破椅原定簽完條約即撤除，但民意堅持，遂擺至2005年，之後因總部擴建而移開。接著於2007年，為支援反集束炸彈（cluster bombs）條約之簽署又重新擺上。我們就是在2007年初秋遊瑞士，因此有幸目睹這意義深遠的雕塑。回想1986年俄國車諾比的核電事故，以及2011年3月間日本東北大地震所引發的核電危機，也適於將此破椅視為對核災之警惕。見到它後，台灣是否該建核四廠，已無須再討論，更不必付諸公投就可停建。

▎巨大的破椅雕塑

▌日內瓦加盟紀念碑
▌每年翻新的花鐘

▌英國公園

已成為日內瓦地標的花鐘就在日內瓦湖（見第二樂章第二小節）邊的英
國公園（Jardin Anglais）內。這個花鐘比起台北陽明山公園的花鐘小多
了，但有個特色是造型和花樣年年有所不同，象徵日內瓦在全瑞士鐘錶
業的龍頭地位。以販賣鐘錶和珠寶聞名的寶嘉爾（Bucherer），其日內
瓦分店也在附近，早已成為遊客必訪的購物點。

此外，在公園內還有座日內瓦加盟紀念碑，其上雕塑著兩個女子，當中
頭戴桂冠的代表日內瓦，另一個則代表瑞士聯邦。她們熱忱相擁，象徵
1815年日內瓦加入瑞士聯邦。在此之前，日內瓦自成一國，但頗受法國
影響，直到拿破崙戰敗，其席捲歐洲的時代結束，日內瓦才融入瑞士。

▌嬌艷的紅玫瑰

▌花園裡吹笛童的雕像

▌玫瑰花園

在日內瓦有座玫瑰花園,與日內瓦湖僅隔一條馬路,園內各類色澤、品種的玫瑰應有盡有,看了令人目不暇給,彷彿掉落花海中,耳畔更像是傳來「花的圓舞曲」(Waltz of Flowers),十分曼妙迷人。所謂「花的圓舞曲」,即俄國音樂家柴可夫斯基(Tchaikovsky)為芭蕾舞劇《胡桃鉗》(The Nutcracker)配樂,其中所譜的一首華麗、美妙、夢幻般的舞曲。

《胡桃鉗》原為德國童話,常在接近聖誕節時演出,敍述的也正是發生在聖誕節前夕的事。故事中的小女孩克拉拉有個胡桃鉗,造型像個將軍。聖誕節那晚,她夢到有大群老鼠來攻擊胡桃將軍,於是奮力抵抗,救他一命。結果,外表滑稽的胡桃將軍搖身一變,成為英俊的王子,邀請克拉拉與他同遊奇幻世界。

▌日內瓦大學

比起那些政經機構，我對日內瓦大學較感興趣，走入其間彷彿重溫大學生活。日內瓦大學是宗教改革家喀爾文（Jean Calvin）於16世紀中葉所創立，原本是神學研究的重鎮，後來發展成綜合性大學，含蓋天文地理各種學院，包括培育筆譯與口譯人才的翻譯學院。但由於日內瓦是全球重要的政治、經貿機構的所在地，大學裡以國際關係的研究最出名。

在日內瓦大學內，除了可看到創辦人的胸像外，基於宗教改革在歐洲歷史上的重要性，在長達100公尺的牆壁上，也有雕塑出喀爾文在內的人像以資紀念。至於那些跟隨領袖而有貢獻者或參與者，其名也萬古流芳，就刻印在石碑兩旁。

宗教改革由16世紀持續至17世紀，是針對羅馬天主教過於擴權、教會太腐敗、宗教勢力超越世俗君權等所進行的反擊。代表性人物除了日內瓦當地的喀爾文，最有名的就屬德意志的馬丁路德（Martin Luther），以及瑞士本土的茲文里（Huldreich Zwingli）。馬丁路德曾在1517年發表《九十五條論述》（Ninety-Five Theses），標示著宗教改革之起始。其實，促成改革的因素尚有自文藝復興以來，工商業的發達、中產階級的崛起、印刷術的普及，以及最重要的，人文主義所強調的人本，而非神本之價值觀和生活觀。這場改革也導致日後對於不同宗教、政治、社會等觀點之包容。

宗教改革紀念碑

撇開學術與宗教，日內瓦大學雖佔地不大，比起台大更是小巫見大巫，但校園內綠樹成蔭，花木扶疏，彷彿是市區裡的一座公園，很有親民便民的感覺。特別值得一提的是，在這面積有限的校區，竟也種植蘆葦，而且時序已進入九月，飛白的蘆花增添不少秋色。

再看看那些來來往往的年輕學子，或疑似教職員的男男女女，似乎個個洋溢著幸福與健美的氣息，著實令人嚮往。不過，有一點美中不足，那就是校舍內的男生廁所較髒亂，可能男生較皮吧！

▌綠樹成蔭的校園　　▌校園裡的問候

▌校園媲美公園　　　▌校園裡的花草

♫ INFORMATION 旅遊資訊 ♫♪

相關網站如下：

www.geneva-tourism.ch

將近800年歷史的時鐘塔　　食人鬼噴泉上吞食小孩的魔鬼雕像

第二小節　歷史性的古都──伯恩

伯恩是自12世紀末開始發展的歷史名城，最終在1848年成為瑞士的首都。創建此城的傑林恩（Zähringen）公爵伯希投五世（Berchtold V）在打獵時，據說捕獲一頭熊，因而將城市命名為Bär（德文中熊的意思），之後即轉變為Bern此字，而市徽也以熊做標記。基於伯恩自中世紀以來古蹟保存的完整，以及在歷史上的重要性，聯合國教科文組織已將其列為世界文化遺產。城內已成為地標的古蹟相當多，例如有小人偶報時的時鐘塔、食人鬼噴泉、大教堂等。以發表相對論出名的艾因斯坦（Albert Einstein）也曾住在伯恩，其故居已開放為博物館。

▌早期精準的鐘面

▌城中街景

除了食人鬼噴泉之外，在這古都的街上還有其他漂亮的噴泉，以及窗外、拱廊上的各種雕塑。每一尊雕塑、每一柱噴泉都有其意義，像源自中古時代的傳說、軼聞等。當有國家慶典節日時，整條街上都會掛滿各色旗幟，其中以圖案為熊的旗子最受矚目，那就是伯恩城的市旗。我們到訪時已近中午，長長的拱廊及街上的店家生意特別好，光顧的不單是來自各地的遊客，更多的是當地的上班族或市民。當中有攤子販賣烤香腸，雖只是普通的白肉香腸，在瑞士、德國等地卻是必備的家常菜。總之，此時此刻街上異常熱鬧，尤其是著名的景點下，常見一團日本或韓國遊客剛離去，隨即又有美國或加拿大的領隊帶團來。

武士噴泉

拱廊下的香腸攤

餐後抽根煙　　　午餐時光

▎伯恩城的少年

在這人群熙來攘往的古城中,忽然有個少年對哥哥所持的專家型相機
頗感興趣,於是請哥哥幫他和他的同伴拍照。面對這群主動送上門,
又擺好架勢的模特兒,哥哥怎能說不,遂立即按下快門,為他們拍了
張照片,並將完成的影像重現給他們看。他們看了很高興,隨即揮手
道別離去。

照片中,手插腰、頭戴帽子的那個男孩就是原提議者,其他5個則是
他的夥伴。這群少年個個活潑伶俐,其祖先來自歐洲各國,但如今都
生活在族群融洽的瑞士,成為瑞士人。

看完古蹟後,我們到拱廊下的一家超市購物,而且是專門購買巧克
力,以便返國後饋贈親友或自用。雖說在瑞士各地都可買到巧克力,
但在首都伯恩購買,意義顯得較深遠。果然在巧克力專櫃前,看到一
群遊客一盒盒拿個不停,幾乎整店的巧克力都快被外國旅客買光了。

❙ 草坪上親子同樂
❙ 戶外座適合賞景

❙ 山上的玫瑰園

在日內瓦有座玫瑰花園，在伯恩的山坡上也有一所玫瑰園，也同樣花團
錦簇，美不勝收。據稱此處有220種玫瑰，總共約1,800株。更棒的是，
這裡有大片的草坪，大人小孩都愛躺臥其上，或追逐奔跑，一邊享受風
和日麗的好天氣。

玫瑰園旁邊設有餐廳，又分室內和戶外座。室內座就跟一般餐廳沒兩
樣，而戶外座除了可點正餐外，看來多半的人都點咖啡、紅茶等飲料，
外加一片蛋糕或鬆餅，純粹是為了消磨午後的好時光，特別是為了欣賞
周圍的風景。

阿雷河流經市區

俯瞰伯恩舊城區

▌晴空下的阿雷河

在玫瑰花園外,居高臨下,可俯瞰整個伯恩城,尤其是那條流經市區的
阿雷河(Aare)。最初看到這條河川也不知其名,問了旁邊一位當地的
學生,才知道是瑞士的第二大河阿雷河。去過捷克的哥哥說舊城區風景
很美,只可惜屋頂瓦片的顏色暗沉些,沒布拉格(Prague)的那般鮮艷
明亮,我則覺得翠綠的阿雷河掩蓋了這瑕疵,使得晴空下的河川與城鎮
同樣光輝耀眼,無形中散發出歷史的幽香。

在熊公園餵熊

開放式的熊公園

下山後去參觀著名的熊公園，體會目睹真熊的樂趣。這公園不
大，其實就是飼養熊的場地，並且採開放式，任何人路過都可
參觀，也可買些飼料餵餵大熊、小熊。

♫ INFORMATION 旅遊資訊 ♫♫

相關網站如下：

http://www.bern.ch/en/welcome

第三小節　典雅迷人的古城──琉森

琉森（Luzern）也是自中世紀開始發展的古老城市，比起伯恩，除了同樣古典幽雅外，更具現代感。從歐洲其他地方轉進瑞士，大部分就來到琉森，交通地位格外重要。從蘇黎世到此，搭直達列車約需50分鐘。若從伯恩過來，搭IC（Intercity）特快車也得花費1小時。自古以來有不少名人造訪琉森，像德國作曲家華格納（Richard Wagner）即曾定居於此，其大型歌劇《紐倫堡的名歌手》（Die Meistersinger Von Nürnberg）就是在此完成，現在他的宅第已闢為博物館。

《紐倫堡的名歌手》描述16世紀中葉，鞋匠兼作曲家、聲樂家公會主席的漢斯，因發覺鄉巴佬華特很有歌唱天份，進而鼓勵他，協助他參加歌唱比賽。

▌城內著名的景物

抵達琉森時已是薄暮黃昏，不過該看的古蹟像卡貝爾橋、獅子紀念碑等都沒錯過。建於14世紀的卡貝爾橋是歐洲最古老的、有頂蓋的木橋，也是琉森著名的地標，曾於1993年失火，現在已重建完整，恢復了往日的榮耀。走在橋上又可欣賞歷史板畫與花飾，順便看看橋下日夜流動不息的羅伊斯河（Reuss），這是瑞士的第四大河。在地理上有趣的是，這條羅伊斯河流到東邊就成為聞名的琉森湖（Vierwaldstättersee）。德文中Vierwaldstättersee是指四面有森林環繞的湖泊。果然此處湖光山色格外優美，瑞奇山（Rigi）和皮拉圖斯山（Pilatus）都在望。如果對爬山有興趣，也有多餘的時間，不妨去遊覽皮拉圖斯山、瑞奇山或鐵力士山（Titlis）。而若對湖泊較中意，則花些時間，就可乘著藍色小艇，暢遊琉森湖。有關的交通網站列於本節文末。

▌ 獅子紀念碑

▌ 黃昏時的卡貝爾橋　▌ 卡貝爾橋與耶穌堂

獅子紀念碑（Löwendenkmal）是為紀念1792年，法國大革命期間，受雇保護法王路易十六而殉職的786位瑞士傭兵。在觀光業與精細工業如鐘錶、紡織等尚未發達之前，瑞士傭兵就是瑞士的重要資產。石雕的紀念碑是頭垂死的獅子，表情十分憂傷哀怨，象徵士兵任重道遠，死而後已的精神。至19世紀下半葉，法令已禁止瑞士公民擔任外國傭兵，但迄今仍有瑞士衛兵守護梵諦岡。

另外，琉森有兩棟著名的教堂也值得一看。一棟是位於羅伊斯河邊的耶穌會教堂（Jesuitenkirche），建於17世紀中葉，純白的外觀宛若河上的天鵝，非常美麗動人。另一棟則是位於琉森湖畔的霍夫教堂（Hofkirche），最早建於8世紀，曾因失火，再於17世紀重建，文藝復興的型態中以雙尖塔最出名。這兩棟教堂正好隔著一片水域遙遙相望。在哥哥所拍的城內風景中，有拍攝到霍夫教堂的雙尖塔，以及耶穌會教堂的既像俄羅斯，又像拜占庭風味的雙塔。若時間充裕，建議入堂參觀，內部一樣深具建築藝術之美。

▌霍夫教堂的雙尖塔
▌遼闊的琉森湖

▌瑞士火鍋與歌舞

在城內除了這些地標式的景物外，大街小巷裡還有繪上壁畫的老店舖、專賣時髦衣著的服飾店、精品店，以及提供炸肉火鍋，並可觀賞瑞士歌舞表演的餐館等。

此地的炸肉火鍋不甚稀奇，和日本的涮涮鍋、韓國的石頭火鍋，乃至於台灣的各種火鍋料理差不多，但既來之，則食之，尤其是同一屋簷下，和來自天南地北的遊客一道吃，頗覺熱鬧又興奮。當然，若有機會吃到起司火鍋更棒。那種將白酒滴入不同的起司中，以火烤煮，再用刀子削成一條條，放入麵包、蔬菜、肉片等食物中來吃，真是純瑞士口味。

至於傳統的瑞士歌舞，其實在阿爾卑斯山區的國家，例如奧地利等都常看得到。回想一下電影《真善美》中，有一幕是瑪麗亞和孩子操演木偶戲。他們所唱的山歌，還有木偶所跳的舞蹈，全然就是瑞士牧人的典型歌舞，充滿樂天知足感。不過，論起吹號角，還是瑞士人的最有特色，吹起來也最響亮。

當走入地下道時，還可看出古城的進步與現代感。不過有點美中不足，路面上煙蒂真不少，而且抽煙的年輕女孩也不少。如果纖纖玉指夾根煙，琉森的少女看來除了摩登，還帶有些典雅的韻味，但有人卻認為抽根煙較成熟。

▌地下道裡的時鐘

▌餐廳的壁畫很有名　▌琉森城的少女

▌ 山路上的吹笛手

▌ 附近的小山坡

在琉森市區的巷弄裡有條山路，遠離城囂，拾級而上，不太費力，待爬至山頂俯瞰全城，別有一番新氣象。途中遇到一位穿紅衫白褲的吹笛手，留著長髮和腮鬍，看來真像神話中人頭羊身的怪物，也頗似德國童話中趕走滿城老鼠的吹笛人。聽那笛聲悠揚，又懷疑是否為生意人，就像早年台灣農村裡，沿著家家戶戶吹笛，專門替豬仔看病的獸醫。

▌童話人物般的吹笛手

此外，在途中也見到一位肢障的學生，撐著新式的拐杖，一步一階爬上來，原來這兒還有一所小規模的中學。由於本身也是肢障者，對於那位學生的辛勞，感觸特別深，不過那孩子似乎已習慣了，精神顯得蓬勃有朝氣。接著，迎面而來的是一位老太太，她正要下山到城裡去。我用德語和她道早安，她只回應早，省掉好或安，就跟我們平常說早一樣簡單明瞭。這一路上除了當地人之外，看到的景物也不少，有些建築物雖不知是何機構，或有些雕刻不知其名，也不知是基於宗教抑或歷史因素而創作，但全都融入秋天清爽宜人的美好氛圍中。

▌ 羅馬武士的雕像

▌ 似辦公用的樓房　　▌ 神秘的石壁雕刻

當然最棒的就是登高望遠。從山頂上望向整個琉森城，連同早晨的一道道曙光，以及天邊連綿的山巒，看來頗有潑墨山水畫的神韻，也宛如在聖誕卡片上常見到的光芒四射，福音自天國傳來，既美妙又神秘。

天光普照之下

從山丘下來後，在拐角一家店裡買了鈴鐺、彩繪玻
璃杯，還有一個海蒂（Heidi）造型的傳統玩偶。海
蒂是瑞士作家史碧麗（Johanna Spyri）所寫的同名小
說中的主角，一個在阿爾卑斯山區成長，喜歡幫助
別人，頗富正義感的小女孩。這本小說於1880年問世
後即造成轟動，數度拍成電影、電視劇，並曾由日
本製作成卡通片《小天使》，在台灣播出時廣受歡
迎。事實上，瑞士文學還有一個家喻戶曉的威廉泰爾
（William Tell），即傳說中的神射手。威廉曾被押往
奧地利，但在琉森湖上遇到暴風雨而脫困，接著號
召群眾，反抗奧地利的統治。義大利作曲家羅西尼
（Rossini）曾將這段故事改編成歌劇演出。後來為了
紀念這位傳奇英雄，從琉森到盧加諾的快車就命名為
威廉泰爾列車。

■ 遠處的教堂已可見

至於那只彩繪玻璃杯說平常也平常，但其上所畫的正是象徵瑞士的小白花，在山上到處可見，只是畫裡的顯得特別美。電影《真善美》中，有一首插曲Edelweiss，其歌名就是德語中小白花的意思，所詠唱的也正是小白花純潔、堅貞之美，令人無形中流露出對家國之愛。

♫ INFORMATION 旅遊資訊 ♫♫

琉森相關網站如下：

http://www.luzern.com/en/index.cfm

鐵力士山：

http://www.titlis.ch/index.php?id=2

皮拉圖斯山：

http://www.pilatus.ch/en/

瑞奇山：

http://www.rigi.ch/en/welcome.cfm

▌站前出租的馬車

第四小節　遊馬特洪峰的前哨站──策馬特

如果瑞士沒有馬特洪峰（Matterhorn），策馬特（Zermatt）這小鎮也不會揚名於世。幾乎百分之百的遊客來到策馬特都是為了看山，或在冬季時一大群歐美旅客聚集於此，準備上山從事滑雪等運動，也因此策馬特一年到頭旅館、餐廳等生意十分興旺。可是因策馬特實施無空氣污染，嚴禁汽車駛入，所以進入本城一定得搭火車。關於策馬特的交通資訊，可參考第一樂章第三小節。在策馬特境內，馬車和電動車就是主要的交通工具，當然步行亦可，畢竟這是小鄉鎮，從火車站到旅館、餐廳等的距離不會太遠。剛抵達策馬特那一晚，吃過飯後，就走到車站看登山火車行程表，再閒步到訂好的旅館。夜裡當然較冷，但走著走著身子就暖和起來，而且周遭很寧靜，遠山的暗色輪廓也看得到，空氣冰涼中有著新鮮、爽朗的感覺。

▌陽台花處處

▌繽紛的街景

策馬特最引人注目的就是班霍夫大街（Bahnhofstrasse），即火車站的站前街道。這條大街其實不長，大概十分鐘就可走完，但兩側盡是商店、餐廳、旅館等的招牌，以及窗檯、陽台上所擺設的鮮花，看來五彩繽紛，彷彿鎮上正有慶典。不過有一點令人感到很意外，商店裡賣的都是巧克力或糖果，看不到蘇打餅乾。走出這家店，再到隔壁家去，還是一大堆巧克力，餅乾類幾乎沒賣。整條街上鐘錶、刺繡、巧克力、明信片、紀念品、瑞士刀、登山及滑雪用具都有，唯獨餅乾缺貨。

關於旅館的窗櫺及陽台上所擺設的鮮花,可能在其他歐洲國家也看得到,但在瑞士則已成為典型的鄉鎮景觀。返國後,曾觀賞一齣由喬達諾(Giordano)譜曲,名為《費朵拉》(Fedora)的義大利語歌劇。劇中第三幕敍述俄國公主費朵拉逃亡至瑞士,住在一家鄉村旅館,其舞台佈景就跟此地相似,甚且在布幕上還畫出馬特洪峰。此外,還有一部由貝里尼(Bellini)作曲,同為義大利語的歌劇《夢遊女》(La Sonnambula),也是以瑞士鄉間為場景。劇中的少女阿蜜娜患有夢遊症,卻被嫉妒她的客棧老闆娘所陷害,誣告她睡在陌生人床上,最後幸得懂醫學的旅人解圍,這才挽回清白與幸福。

▌熱鬧的大街

▊ 靠山吃山

據說在班霍夫大街開店營業的多半都非當地人，而是外地來的人。
這些外地人，甚至外國人，向擁有房地產的當地人租用店面做生
意，因此當地人只須坐著數鈔票就行了。顯然若非有座馬特洪峰，
策馬特的當地人也難以發跡，而租地營業的外地人又何嘗不是靠山
吃山。在此還有個現象，即歐洲人所開的店入夜後就打烊，除非是
吸引夜貓族的酒店等，但亞洲人所開的店，有些還是營業到很晚，
一方面可招攬遲來的遊客，另一方面也證實亞洲人，尤其是東亞民
族，總是較勤勉，不輕易放棄任何可做生意的機會。

由於街上的各種商店都得靠觀光客營生，有些歐洲的老闆和店員也
會講一點華語或日語等，特別是東亞的旅行團常光顧的餐廳、旅館
等。有一家名為「德比」（Derby）的餐館，其門外還張貼日文菜
單，可見日本遊客在瑞士旅遊業所佔的比重很大，不過近年來台
灣、中國等的遊客也日益增多，未來應會出現華文菜單。初抵策馬
特時的那頓晚餐就是在「德比」吃，隔天的午餐也是在同一家吃。
這家餐廳也設有戶外座，若天氣良好，有不少人願在戶外邊吃邊看
街景。哥哥就有拍攝到一位老婦人在戶外用餐，浸淫在溫暖的陽光
中，一副心滿意足的樣子。

▊ 街尾的教堂

班霍夫大街的末端有座天主教堂，建於20世紀初，除了佈道做禮拜
之外，也是策馬特居民的活動中心。在教堂外的空地上，若天氣晴
朗，舉頭就可看見馬特洪峰，可說是在城內眺望名峰的最佳地點。
教堂後方還闢有一處小型墓園，氣氛莊嚴，又祥和寧靜，主要是埋
葬遇難的登山者。

▌ 戶外用餐的老婦人

🎵 INFORMATION 旅 遊 資 訊 🎵

相關網站如下：

http://www.zermatt.ch/en/index.cfm

（此網站也含Alpine Center，阿爾卑斯山導遊中心，可請嚮導做高山導覽。）

第五小節　湖邊的度假勝地──蒙投

就如同到策馬特是為了攀登馬特洪峰，來到蒙投
（Montreux）則多半是為了拜訪石墉古堡。從18世紀末開
始，就有英國貴族經由日內瓦，來到位於瑞士西邊的蒙
投，因此蒙投很早就發展觀光事業，也是全國最先建造旅
館的地方。到蒙投來除了參觀石墉古堡等之外，由於此城
就位於雷夢湖（即日內瓦湖）邊，且面向阿爾卑斯山群，
氣候與景色皆宜人，實在是理想的度假勝地。

▎蒙投宮殿旅館

由於蒙投很早就成為觀光勝地，境內有不少優質飯店，其中以成立於
1906年的蒙投宮殿旅館（Montreux Palace）最為有名，廣受各界人士所
推崇，包括電影明星、政治人物、詩人、小說家、科學家等。

很幸運，我們抵達蒙投時，也住進了這家國際聞名的大飯店。其內廳堂
寬敞可開音樂會，或做其他表演藝術的舞台，走廊也掛滿名畫宛如美術
館，套房的陳設與衛浴設備更是一流。比起之前所下榻的旅館，這兒無
須到沙拉台上挑選果醬，各種口味的果醬已擺放在餐桌上，隨你挑，隨
你抹，而且幫客人倒茶或咖啡的服務生也很專業，總是倒得恰到好處。

▎皇宮般的大飯店

飯店外，隔著一條馬路，有塊小公園似的區域，也是屬於蒙投宮殿旅館的範圍。在這兒有個池塘，正好可看見飯店的倒影，而周圍也是花木扶疏，像座私人花園。再向前走幾步，設有戶外咖啡座，可邊喝咖啡，邊欣賞阿爾卑斯山群，或走到欄杆邊，眺望如海一般浩瀚的雷夢湖。

然而最引人注目的是，如茵的草坪上有豎立作家納博可夫（Nabokov）的銅像。原籍俄國的納博可夫生於1899年，歷經俄國共產黨革命、兩次世界大戰等，轉徙於歐洲，之後遠渡北美，並入籍美國。以小說《洛麗泰》（Lolita，又譯蘿利塔）成名後，納博可夫於1961年來到蒙投，此後就住在宮殿旅館6樓的一間套房裡，直到1977年過世為止。除了寫作，納博可夫也熱衷昆蟲學，常由蒙投出發，往高山採集蝴蝶。正因為他是以此為家，在此安度晚年，所以旅館當局就鑄造銅像紀念他。

▍池中飯店的倒影

▌作家納博可夫的銅像

無獨有偶，著名的喜劇演員卓別林（Charles Chaplin）也於1977年在瑞士的薇威（Vevey）過世。薇威亦位於雷夢湖邊，瑞士大企業「雀巢咖啡」（NESCAFÉ）的總部即在此，而且卓別林的紀念銅像也矗立於此。

蒙投附近除了石墉古堡，還有一處名為冰河3000（Glacier 3000）的高山區值得遊覽，可惜時間不夠，無法前往。冰河3000的景觀大致上與少女峰等類似。

🎵 INFORMATION 旅遊資訊 🎵

相關網站如下：

www.montreux-vevey.com

http://www.glacier3000.ch

第四樂章 活潑的急板：城鎮 129

第六小節 往少女峰的必經之地──茵特拉根

位於瑞士中部的茵特拉根（Interlaken）過去是以紡織、印刷及鐘錶製造業為主，如今由於是轉往少女峰的重要門戶，已成為度假勝地，觀光業快速發展，尤受背包客的喜愛。在德文中，Interlaken是指湖與湖之間的意思，而此城正是位於布里恩茲湖（Brienzer See）與圖恩湖（Thuner See）之間，景色相當優美。在此有東西兩大火車站，若由東站出發，無論西行或東行，都會到達克萊雪德（Kleine Scheidegg），從那兒再改搭登山齒輪列車，就可安抵少女峰。

▎公園周邊的景物

若說在伯恩是專門採購巧克力，在茵特拉根則是專門購買手錶。在一家類似寶嘉爾的鐘錶店裡，各種款式的手錶應有盡有，看了令人眼花撩亂，最後終於買到了一支中價位的Festina手錶，而哥哥也替妻兒買了兩款造型不同的錶。離開時，店方贈送每人一隻巧克力豬仔，那可愛的模樣實在教人不忍心吃。

在鐘錶店外，跨越一條馬路，有座純樸美麗的公園，在那兒舉頭就可望見少女峰，及其一旁的艾格峰、僧侶峰等，彷彿是預覽了隔日行程最主要的目的地。事實上，在茵特拉根只要是好天氣，所在位置也不錯，大概抬頭都可看到少女峰，這就跟在策馬特一樣，天候佳隨時都可看見馬特洪峰。

■ 以少女峰為背景
■ 公園裡的花圃
■ 近看嬌嫩的花蕊

說到馬路邊的公園，在台灣也可以找得到，就是那種佔地不大的市區公園，但茵特拉根這公園即便沒有少女峰為背景，看來還是十分迷人，尤其是噴水池邊那棵樹已深染秋色，配上依舊碧綠的草茵，整株顯得璀璨華麗，似乎搶盡了園中花草的光芒。

有城市就有人，有人就有生活的動態，熱愛攝影的哥哥很喜歡拍取大城小鎮的眾生相，對於天真活潑的小孩特別想拍。就在公園的花圃旁，他的相機鏡頭捕捉到一個黑人小女孩，跟著也出現她的父母親，索性就來張全家福，連同父親懷裡的小嬰孩一齊照。他們邊走邊讓哥哥拍，那父親還以微笑回應，而小女孩則顯然欲揮手道別。不知這黑人家族是否具有瑞士籍，還是同樣來瑞士旅遊的外國人？總之天涯若比鄰，在美好的異鄉能拍到一張真情流露的家族合照，冥冥中雙方皆有緣。持此觀點，則瑞士之旅一路上所見所拍莫非緣分所致。

▎街頭一家人

┃ 街道秋景

公園對面的街上，商店、住宅林立，有露天咖啡
座，更有和公園所見類似的紅葉之樹，妝點出秋天
的多彩風情。坐在露天咖啡座，悠閒地啜飲一杯咖
啡或紅茶，曬曬溫暖的秋陽，隨意觀看來往行人與
車輛，偶爾望向遠處的雪山，這是何等自在逍遙！
全然無須攀爬，即能親近聖潔的少女峰。

♫ INFORMATION 旅遊資訊 ♫♫

以下的網站有茵特拉根著名的景點：

www.interlaken.ch

第七小節 清新純樸的山城──格林德瓦

位於瑞士中部的格林德瓦（Grindelwald）和茵特拉根一樣，也是
轉往少女峰常路過或投宿的地方。由於海拔比茵特拉根高，在此
眺望少女峰，景觀更勝於茵特拉根所見。格林德瓦又稱為岩石森
林，因為在德文中，Grindel是岩石，而Wald則指森林而言。這座
山城，風景清新秀麗，民風純樸率真，的確是處世外桃源。

▌森林中的歌唱

對大多數旅客而言，格林德瓦只是遊覽名峰前的歇腳處，對我來
說則別具一番意義。如前所述，曾在蒙地貝羅堡的樹蔭下乘涼，
一時心血來潮，唱了首義大利語的詠歎調。而來到格林德瓦這德
語區，則唱出德語的詠歎調。

當晚，走入一家鄉村餐廳，準備吃晚餐時，領隊問我，可否在
此唱首歌，團員全都到齊了。我環顧四周，場地尚可，點了點
頭，領隊遂宣布我要獻唱，也拜託服務生暫停上菜。我簡單介紹
了莫札特的德語歌劇《魔笛》（Die Zauberflöte），接著就演唱
其中一首詠歎調〈這畫像美得出奇〉（Dies Bildnis ist bezaubernd
schön）。那是塔米諾王子在黑夜的森林中脫困後，夜后拿了公主
的畫像給他看，請他設法營救，結果一看著迷，情不自禁所唱出
的情歌。《魔笛》一劇頗具神話、童話色彩，卻也強調邪不勝正
之真理。

▎在山城望向少女峰

想想此回若非團體旅行，我了不起只能唱給一兩個人聽，絕對無法唱給
38位社會人士聽，又能引起共鳴，以音樂為話題，再添旅途之樂趣。

在旅館後院眺望少女峰

🎵 INFORMATION 旅遊資訊 🎵

以下的網站有格林德瓦著名的景點：

www.grindelwald.ch

第八小節　小王國的首府──華度士

列支敦斯登（Liechtenstein）是位於瑞士與奧地利之間的迷你王國，亦以德語為國語，但在歐洲旅遊中常被忽略，甚至有人認為既標榜瑞士單國之旅，就不須花時間來此。事實上，列支敦斯登是值得參觀，其國防、外交均委由瑞士代理，與瑞士有聯盟關係，本身則致力於發展金融業與輕工業，國民所得頗高，生活水準及教育素質也很高。青少年的數學和語文能力，在世界上常名列前茅。

首都華度士（Vaduz）的街道整潔有序，兩邊都是餐廳、旅館、精品店等，有名的郵票博物館、現代美術館也位於這條繁華的大街上。站在街頭朝天仰望，或坐在車內，在接近華度士時，往窗外眺望，總會看到高山上有棟童話般的古堡，俯瞰著萊茵河谷，那就是列支敦斯登大公所居住的皇宮。由於皇宮不對外開放參觀，政府便在大街入口處矗立了一座模型屋，約可看出城堡的建築結構。

▍大公城堡的模型屋

▌ 市政廳外的駿馬雕塑　　　　▌ 手捧人頭之雕像　　　　　▌ 奮勇向上者的雕像

不過，有趣的是，前些年為了大力推廣觀光事業，充實國庫收入，列國政府還破了例。宣稱凡外國遊客只要繳約150萬台幣，他或她就可入主皇宮，主持會議等，甚至於肖像也能印在紀念郵票上，媲美大公等王族。

▌ 街上的雕塑

不知列支敦斯登人是否特別喜歡馬，在市政廳及大街上見到的銅雕幾乎以馬最多，而且寫實的造型中含有抽象的線條，很耐看，藝術價值也很高。其次，有些戶外雕塑也很特別，像手捧的人頭，看來非但不覺恐怖，反而充滿宗教的虔誠感，有如世人仰天祈禱，一副敬天畏神的模樣。另外，有座人在游泳或飛翔的雕塑也很傑出，似乎在表現奮勇向上的精神。而在藝品店外，著名的芭蕾舞劇《胡桃鉗》（The Nutcracker）裡的玩偶胡桃將軍也站了出來，威風八面守候店家，增添了街景的趣味性和故事性。

在華度士待了約2小時，對此地的印象逐漸變得清晰，特別是街上的雕塑、整潔的環境、與世無爭的民風等。當天的午餐就在街上一家餐館吃，也是下飛機後，在歐洲所吃的第一餐，感覺普通，似乎在台灣的西餐廳就可吃得到，只是身處異國，氣氛顯得浪漫些。

▌大街上的駿馬雕塑

▌胡桃將軍的玩偶

♫ INFORMATION 旅遊資訊 ♫

以下網站有列支敦斯登的著名景點：

http://www.tourismus.li/en/

第九小節　登白朗峰的必訪之地──霞慕尼

會到法國東部的霞慕尼（Chamonix）純然是為了攀登歐洲最高的白朗峰，就如同抵達策馬特是為了遨遊馬特洪峰，或路過茵特拉根，或格林德瓦是為了前往少女峰。霞慕尼曾於1924年舉辦過冬季奧運，也一直以各種冬季運動如滑雪、爬冰、爬岩、滑翔，甚至冰河滑雪等聞名於世。然而拋開這些冬季的戶外運動，霞慕尼本身就是個景色壯麗的山城，遠離城囂，而有著清爽宜人的氣息。

在霞慕尼所住的旅館雖是鄉村客棧，卻是數日來，首次在套房內有熱水瓶、茶包、三合一咖啡等的供應，甚至床邊還有薄荷糖，這對台灣旅客而言方便又親切。晚上是在一家防空洞所改建的餐廳裡用餐。幽暗中對著燭光，吃著田螺，喝著白蘭地，的確很浪漫，但也覺得有些窒息。返回旅館途中，空氣新鮮多了，只可惜附近傳來夫妻爭吵聲、嬰兒啼哭聲，聲聲劃破夜空。

▌燦爛的街景

和策馬特一樣，在霞慕尼也可看到百花盛開的情景，不同的是，前者的花朵多半是點綴在旅館的窗檯或陽台，後者的鮮花則大部分栽種在路邊道旁，或尋常百姓家的窗檯下，感覺上自然多了，與成為背景的白朗峰更是相映成趣。顯然霞慕尼已成雪山下的花城，而且是入秋後依然無處不飛花。也正因為如此，一切景物皆似暮春仲夏，人們依舊穿著短袖衣衫，坐在廣場的長凳上，悠閒地吃著點心，輕鬆地聊著八卦，還引來鴿子與小狗圍觀。

在霞慕尼，有些店舖的樓上窗檯很熱鬧，窗戶、鮮花與所繪的壁畫幾乎一色紅，顯得璀璨無比。壁畫所描繪的正是收成好，農民在歡唱。有一齣由董尼才第（Donizetti）所譜曲，名為《霞慕尼的琳達》（Linda di Chamounix）的義大利語歌劇，就是描述此地的農家少女琳達為了生計，與友人前往巴黎發展，在那兒又與愛人相會，最後則一同返回霞慕尼，像是鮭魚返鄉。

▎悠閒時光
▎窗檯下的盆景
▎蘭花與雪山相輝映

▌紅花、紅窗與壁畫

▍熱鬧的街頭

街上的小男孩

在霞慕尼街上還有件妙事。有對匈牙利老夫婦在暢遊白朗峰時,也和我們搭同一班纜車,看到一大片雪山竟驚呼glacier(冰河)。他們的英語尚可,但不太清楚台灣是何地,一下說我們就是泰國人,一下又認為是越南人。想不到下了纜車,逛了約半圈山城,又在大街上碰到他們。為不辜負美麗的街景,他們就請我幫忙拍個合照。這是舉手之勞,何樂不為,但老先生的相機很舊,又不靈光,而我也對此蠻外行。偏偏哥哥又到別處取景去,無人可替代,於是就和那老先生將相機拿來拿去,過路人還以為我們在爭奪或禮讓那部相機,多少投來好奇的眼光。最後,幸好領隊經過,這才三兩下解了圍,換來老夫婦的微笑和道謝。

▌咕咕鐘藝品店

若將策馬特與霞慕尼街上的商店做比較，顯然前者以販賣巧克力、手錶、登山用品等較多，而後者則以銷售傳統的紀念品為主。在吃過晚餐後，閒步走回旅館途中，哥哥發現了一家專賣咕咕鐘的店舖，於是隔天從白朗峰下來，就趕來這家店裡。店東是位老翁，英語不太好，而我也是為了聲樂剛學法語，但基本上尚能溝通。想來真有趣，自國中開始學英語，大半輩子都未去過英國或美國，卻在初學法語時就來到法國。當然除了法國，在瑞士的日內瓦、蒙投等地也可講法語。

最後咕咕鐘雖未買成，對其他藝品又不感興趣，但卻發現店家後方的白朗峰美得清麗脫俗，而且店舖左側隔著一條道路，無任何屋舍相連，視野由白雲皚皚的山巔直到遍植街樹的地面，白綠銜接，頗有清新、爽朗之感。

▌咕咕鐘店舖的櫥窗

遊記至此告一段落，交響曲也到此演奏完畢，讀者諸君還滿意嗎？感謝各位的聆賞，希望後會有期。想來並非每一團都能如願看到三大名峰，因為高山氣象變化萬千，有時僅能欣賞其一或二，但我們秋季這一團很幸運，一峰接一峰看得十分過癮，的確幸福無比。

整體而言，瑞士除了湖光山色吸引人之外，其族群的和睦相處、奠基於民主及中立理念的國家認同等亦令人讚賞。瑞士政府很重視民意，為施政所舉辦的全國公投已超過400次，其間尚不計入地方性公投。

♫ INFORMATION 旅遊資訊 ♫

霞慕尼的網站如下：
http://www.chamonix.com/welcome,0,en.html

時差：	冬季比台灣慢7小時，夏季慢6小時
氣溫：	全國天氣溫和，但夏季約為18℃～28℃，冬季則溫差為-2℃～+7℃
貨幣：	法定貨幣為瑞士法郎，紙幣有10、20、50、100、200、500及1000七種面額，硬幣則有5Ct／Rp、10Ct／Rp、20Ct／Rp、50Ct／Rp、1CHF、2CHF及5CHF七種面額
匯率：	1塊瑞士法郎約值新台幣30元（2013）
語言：	德語（約65%）、法語（約19%）、義大利語（約10%）、羅曼語（1%以下）
簽證：	須申請申根簽證。在瑞士商務辦事處辦理（02-2720-1001＃16）
航班：	瑞士航空、泰國航空、德國航空、新加坡航空、荷蘭皇家航空
國鐵網站：	www.rail.ch （有英文版，可輸入出發及抵達的地點、日期、時間等。另外亦可查詢郵政巴士、公車、纜車等。）
電壓：	220伏特，插座分2或3孔式
郵政：	週一至週五是07:30～12:00／13:45~18:30，週六是07:30～11:00

電話：	分投幣式及卡式二種。卡式有CHF10、20、50等。
	從瑞士打回台灣：00+886+區域號碼（去掉0）+6-8碼之號碼
	從台灣打到瑞士：002+41+區域號碼（去掉0）+7碼之號碼
網路：	火車站及多半的飯店內皆有Swisscom的Hot Spot，連上去後，選擇合適的費率，再以信用卡線上付費，Swisscom便給你所買的額度。此外，可在McDonald店內免費上網。
小費：	一般無須付小費，因已含15%的服務費，但對搬運行李者，或服務特別周到者可給1至3CHF。
購物退稅：	在免稅商店購物，同一天內超過500 CHF時，可申請退回附加稅（7.5%VAT）。商店會教你進行的手續。

以上資訊，有部分參考瑞士國家旅遊局印行的《旅遊手冊》，以及2009年7月墨刻出版社發行的《瑞士／列支敦士登》，其中匯率等已調為最新資料（2013），供各位讀者參考，惟準確資訊請以最新公佈的實際更新資訊為準。

釀旅人10　PE0063

 瑞士交響曲
　　　　——高山·湖泊·古堡·城鎮

作　　者	陳彥亨
攝　　影	陳彥甫
責任編輯	劉　璞
圖文排版	秦禎翊
封面設計	秦禎翊

出版策劃　釀出版
製作發行　秀威資訊科技股份有限公司
　　　　　114 台北市內湖區瑞光路76巷65號1樓
　　　　　電話：+886-2-2796-3638　傳真：+886-2-2796-1377
　　　　　服務信箱：service@showwe.com.tw
　　　　　http://www.showwe.com.tw
郵政劃撥　19563868　戶名：秀威資訊科技股份有限公司
展售門市　國家書店【松江門市】
　　　　　104 台北市中山區松江路209號1樓
　　　　　電話：+886-2-2518-0207　傳真：+886-2-2518-0778
網路訂購　秀威網路書店：http://www.bodbooks.com.tw
　　　　　國家網路書店：http://www.govbooks.com.tw
法律顧問　毛國樑　律師
總 經 銷　聯合發行股份有限公司
　　　　　231新北市新店區寶橋路235巷6弄6號4F
　　　　　電話：+886-2-2917-8022　傳真：+886-2-2915-6275

出版日期　2014年6月　BOD一版
定　　價　360元

Printed in Taiwan

國家圖書館出版品預行編目

瑞士交響曲 ──高山‧湖泊‧古堡‧城鎮 / 陳彥亨著.
-- 一版. -- 臺北市：釀出版, 2014.06
　　面；　公分. -- (生活風格類；PE0063)
　　BOD版
　　ISBN 978-986-5696-16-0 (平裝)

1. 遊記 2. 瑞士

744.89   103007124

讀 者 回 函 卡

感謝您購買本書，為提升服務品質，請填妥以下資料，將讀者回函卡直接寄
回或傳真本公司，收到您的寶貴意見後，我們會收藏記錄及檢討，謝謝！
如您需要了解本公司最新出版書目、購書優惠或企劃活動，歡迎您上網查詢
或下載相關資料：http:// www.showwe.com.tw

您購買的書名：_____

出生日期：_____年_____月_____日

學歷：□高中 (含) 以下　　□大專　　□研究所 (含) 以上

職業：□製造業　□金融業　□資訊業　□軍警　□傳播業　□自由業
　　　□服務業　□公務員　□教職　　□學生　□家管　　□其它____

購書地點：□網路書店　□實體書店　□書展　□郵購　□贈閱　□其他

您從何得知本書的消息？

　　□網路書店　□實體書店　□網路搜尋　□電子報　□書訊　□雜誌

　　□傳播媒體　□親友推薦　□網站推薦　□部落格　□其他_____

您對本書的評價：(請填代號　1.非常滿意　2.滿意　3.尚可　4.再改進)

　　封面設計____　版面編排____　內容____　文／譯筆____　價格____

讀完書後您覺得：

　　□很有收穫　□有收穫　□收穫不多　□沒收穫

對我們的建議：_____

_____

_____

_____

11466
台北市內湖區瑞光路 76 巷 65 號 1 樓

秀威資訊科技股份有限公司 收

BOD 數位出版事業部

....

（請沿線對折寄回，謝謝！）

姓　　名：＿＿＿＿＿＿＿＿＿　　年齡：＿＿＿＿　　性別：□女　□男

郵遞區號：□□□□□

地　　址：＿＿＿＿＿＿＿＿＿＿＿＿＿＿＿＿＿＿＿＿＿＿＿＿

聯絡電話：(日) ＿＿＿＿＿＿＿＿＿＿　(夜) ＿＿＿＿＿＿＿＿＿＿

E-mail：＿＿＿＿＿＿＿＿＿＿＿＿＿＿＿＿＿＿＿＿＿＿＿＿